中等职业学校一年级衔接教材

语 文

主 编　柯　强　冯卫东
副主编　王义田　陈绪永　乐发华
参 编　石　芸　柯晓新　汪训文

北京理工大学出版社
BEIJING INSTITUTE OF TECHNOLOGY PRESS

版权专有 侵权必究

图书在版编目（CIP）数据

语文/柯强，冯卫东主编. —北京：北京理工大学出版社，2018.8（2021.8 重印）
ISBN 978-7-5682-5995-8

Ⅰ.①语… Ⅱ.①柯… ②冯… Ⅲ.①语文课－中等专业学校－教材 Ⅳ.①G634.301

中国版本图书馆 CIP 数据核字（2018）第 172881 号

出版发行 / 北京理工大学出版社有限责任公司	
社　　址 / 北京市海淀区中关村南大街 5 号	
邮　　编 / 100081	
电　　话 /（010）68914775（总编室）	
（010）82562903（教材售后服务热线）	
（010）68948351（其他图书服务热线）	
网　　址 / http://www.bitpress.com.cn	
经　　销 / 全国各地新华书店	
印　　刷 / 北京天正元印务有限公司	
开　　本 / 787 毫米×1092 毫米　1/16	
印　　张 / 10.5	责任编辑 / 梁　潇
字　　数 / 258 千字	文案编辑 / 梁　潇
版　　次 / 2018 年 8 月第 1 版　2021 年 8 月第 4 次印刷	责任校对 / 周瑞红
定　　价 / 32.00 元	责任印制 / 边心超

图书出现印装质量问题，请拨打售后服务热线，本社负责调换

前言

《教育部关于深化职业教育教学改革全面提高人才培养质量的若干意见》指出，要"发挥人文学科的独特育人优势，加强公共基础课与专业课间的相互融通和配合，注重学生文化素质、科学素养、综合职业能力和可持续发展能力培养，为学生实现更高质量就业和职业生涯更好发展奠定基础"。语文、数学、英语是中等职业学校学生必修的公共文化基础课，其任务是为专业知识的学习和职业技能的培养奠定基础，满足学生职业生涯发展的需要，促进终身学习。可见，中职学生学好语文非常必要。然而，一段时间以来，中等职业学校的语文教学存在一些误区。有些学校不重视语文教学，认为中职学生文化基础差，学不学语文无所谓，即使学好了也没有多大作用；有些学校不切实际，盲目提高语文课程的学习要求；有些学校甚至不开或少开语文课。

基于以上背景，编者结合我校办学实际和学生学情，组织一线文化课教师编写了本书，旨在帮助学生掌握语文基础知识，提升文化素养，为专业知识的学习打下良好基础。

本书由柯强、冯卫东担任主编，王义田、陈绪永、乐发华担任副主编。参与编写的人员还有石芸、柯晓新、汪训文。

编写文化基础课衔接教材，是编者的第一次尝试。由于编者水平有限，书中疏漏之处在所难免，敬请广大读者批评指正。

编　者

目录

上篇 文选

一、寓言十则 ……………………………………………… 1
二、后出师表 ……………………………………………… 15
三、叔向贺贫 ……………………………………………… 20
四、高帝求贤诏 …………………………………………… 23
五、唐雎说信陵君 ………………………………………… 25
六、谏太宗十思疏（节选） ……………………………… 27
七、春夜宴桃李园序 ……………………………………… 28
八、报任安书（节选） …………………………………… 30
九、古诗词八首 …………………………………………… 31
十、乡愁 …………………………………………………… 37
十一、你是人间的四月天 ………………………………… 38
十二、教我如何不想她 …………………………………… 40
十三、赤兔之死 …………………………………………… 42
十四、为奴隶的母亲 ……………………………………… 43
十五、华威先生 …………………………………………… 58
十六、包身工 ……………………………………………… 63
十七、小二黑结婚 ………………………………………… 70
十八、人到中年（节选） ………………………………… 80

中篇 中国文学史故事

一、上巳游春两情悦——《诗经》中的浪漫爱情……………89
二、爱国光辉齐日月——屈原、楚辞与《离骚》……………90
三、浩然正气贯长虹——孟子的人格魅力……………………90
四、发愤著书名山业——司马迁的史传散文…………………91
五、哀鸣孔雀东南飞——乐府诗歌的辉煌成就………………91
六、铜雀春深锁二乔——"三曹"的文学成就………………92
七、六朝骈文有续篇——初唐文人风貌………………………92
八、佳山盛水乐知音——盛唐山水田园诗……………………93
九、秦时明月汉时关——盛唐边塞诗…………………………93
十、天子呼来不上船——桀骜不驯的诗仙李白………………94
十一、一蓑烟雨任平生——苏轼超越苦难的文学成就………95
十二、奉旨填词柳三变——婉约柳永的多情…………………95
十三、才女身世最堪怜——举世难容的才女李清照…………96
十四、枯藤老树断肠吟——元曲的辉煌………………………97
十五、炼石补天终成梦——曹雪芹的血泪《红楼梦》………97
十六、洞幽烛微绘官场——《官场现形记》的"百丑图"…97

下篇 语文基础

第一章 现代汉语基础…………………………………………99
　第一节 现代汉语实词、虚词、关联词简表………………99
　第二节 句子的类型及其转换………………………………102
　第三节 常见病句及修改……………………………………108
　第四节 常见修辞的功能与判断……………………………114
　第五节 常见的标点符号的使用方法………………………122

第二章 古汉语基础…………………………………………133
　第一节 古汉语实词…………………………………………133
　第二节 古汉语虚词…………………………………………150
　第三节 文言文句式…………………………………………156

上篇
文　选

一、寓　言　十　则

南辕北辙[1]

　　魏王欲攻邯郸，季梁闻之，中道而反，衣焦不申，头尘不去，往见王曰："今者臣来，见人于大行[2]，方[3]北[4]面而持其驾[5]，告臣曰：'吾欲之[6]楚[7]。'臣曰：'君之楚，将[8]奚[9]为北面？'曰：'吾马良。'臣曰：'马虽良，此非楚之路也。'曰：'吾用[10]多。'臣曰：'用虽多，此非楚之路也。'曰：'吾御[11]者[12]善[13]。'此数者[14]愈善，而离楚愈远耳[15]。今王动欲成霸王，举欲信于天下。恃王国之大，兵之精锐，而攻邯郸，以广地尊名，王之动愈数，而离王愈远耳。犹至楚而北行也。"

注　释

　　[1] 选自《战国策·魏策四》。
　　[2] 大行（**hBng**）：宽阔的道路。大：宽大。行：道路。
　　[3] 方：正在。
　　[4] 北：面向北方。
　　[5] 持其驾：驾着他的车。
　　[6] 之：动词，到……去。

[7] 楚：楚国，在魏国的南面。
[8] 将：又。
[9] 奚：为何。
[10] 用：费用，钱财。
[11] 御：驾驭车马。
[12] 者：……的人。
[13] 御者善：车夫驾车的技术高超。
[14] 此数者：这几个条件。
[15] 耳：语气词，而已，罢了。

解 读

成语"南辕北辙"可谓人人皆知，如果行动和目的相反，所得结果只能是背道而驰。

在现实生活中也是如此，无论做任何事，我们都应该有一个正确的目标和方向，善于听取别人的正确意见，并朝着这个目标不断努力。只有这样才能早日到达成功的彼岸。我们现在的任务和目标，就是要好好学习，进入大学进行深造，学好本领，将来才会拥有满意的工作和幸福的生活，成为对国家有用的人才。

课后作业

1. 解释下面句中加点的字。
(1) 马虽良，此非楚之路也。
(2) 吾用多。
2. 用现代汉语翻译下面的两个句子。
(1) 君之楚，将奚为北面？
(2) 此数者愈善，而离楚愈远耳。
3. 成语"南辕北辙"现在用来比喻_____。

鹬蚌相争[1]

蚌[2]方出曝[3]，而鹬[4]啄其肉。蚌合而箝[5]其喙[6]。鹬曰："今日不雨，明日不雨，即[7]有死蚌。"蚌亦谓鹬曰："今日不出[8]，明日不出，即有死鹬。"两者不肯相舍，渔者得而并禽[9]之。

注释

[1] 选自《战国策·燕策》。

[2] 蚌：生在淡水里的一种软体动物，有两扇椭圆形硬壳，可以开合。

[3] 曝：晒，这里指蚌上河滩晒太阳。

[4] 鹬（yù）：鸟名，此鸟常在水边捕吃鱼、虫、贝类。

[5] 箝：同"钳"，夹住。

[6] 喙：鸟类的嘴。

[7] 即：就。

[8] 不出：指鹬的嘴拔不出来。

[9] 禽：同"擒"，抓住。

解读

赵国将要出战燕国，苏代劝说赵惠文王："今天我来，路过易水，看见一只河蚌正从水里出来晒太阳，一只鹬飞来啄它的肉，河蚌马上闭拢，夹住了鹬的嘴。鹬说：'今天不下雨，明天不下雨，就会干死你。'河蚌也对鹬说：'今天你的嘴取不出来，明天你的嘴取不出来，就会饿死你。'鹬和河蚌互不相让，结果一个渔夫把它们一起捉走了。现在赵国将要攻打燕国，燕赵如果长期僵持不下，老百姓就会疲惫不堪，我担心强大的秦国就要成为那不劳而获的渔翁了。所以我希望大王认真考虑出兵之事。"赵惠文王说："好吧。"于是停止出兵攻打燕国。鹬蚌相争的故事告诫人们做事要权衡得失，不要只想着对自己有利的一面，要互相谦让。否则，往往让他人钻空子，使第三方得利。

课后作业

1．为加点的字选择正确的解释。

（1）蚌方出曝（　　）。

A．方向、方位　　B．方法、办法

C．副词，正在　　D．两船并行

（2）今日不雨（　　）。
  A．雨水　　　B．下雨
（3）两者不肯相舍（　　）。
  A．舍弃，放弃　B．房屋　　C．施舍
2．用现代汉语翻译下面的两个句子。
（1）今日不雨，明日不雨，即有死蚌。
（2）两者不肯相舍，渔者得而并禽之。
3．这则故事说明了什么道理？

狐假[1]虎威[2]

虎求[3]百兽而食之，得狐。狐曰："子[4]无[5]敢食我也！天帝使我长[6]百兽，今子食我，是逆天帝命也。子以我为不信，吾为子先行，子随我后，观百兽之见我而敢不走乎？"虎以为然[7]，故遂[8]与之行。兽见之，皆走[9]。虎不知兽畏[10]己而走也，以为畏狐也。

注　释

[1] 假：假借，凭借。狐狸假借老虎的威风去吓唬其他野兽，比喻依仗别人的势力去欺压别人。
[2] 选自《战国策·楚策一》。
[3] 求：寻求，寻找。
[4] 子：你。
[5] 无：不。
[6] 长（zhǎng）：同"掌"，掌管。
[7] 然：对的，正确的。
[8] 遂：于是。
[9] 走：逃跑。
[10] 畏：害怕。

解　读

狐假虎威，比喻倚仗别人的势力欺压人。凡是借着权威的势力欺压别人的人，虽能逞雄一时，但其本质虚弱、不堪一击。

但同时，故事里的狐狸非常聪明，在自己即将被老虎吃掉的时候，利用了激将法，把老虎玩得团团转。最终，自己不仅没有被老虎吃掉，还将众兽吓跑。

课后作业

1. 解释下列句子中的加点字。
   （1）虎求百兽而食之。
   （2）子无敢食我也。
   （3）故遂与之行。
   （4）虎以为然。
2. 与"兽见之，皆走"中的"走"意思不同的一项是（　　）。
   A. 走马观花　　B. 奔走相告　　C. 不胫而走　　D. 走漏消息
3. 与"是逆天帝命也"中的"是"用法相同的一项是（　　）。
   A. 实事求是　　B. 惟兄嫂是依　　C. 是谁之过与　　D. 共商国是
4. 本文刻画狐狸运用的主要描写方法是（　　）。
   A. 动作描写　　B. 语言描写　　C. 心理描写　　D. 细节描写
5. 本文借物喻人讽喻现实，狐狸和老虎分别讽喻现实生活中的哪两类人？
6. 老虎的遭遇使你受到了什么启示？

坎井之蛙[1]

子独不闻乎坎[2]井之蛙乎？谓东海之鳖曰："吾乐欤！出，跳梁乎井干之上；入，休乎缺甃[3]之崖。赴水则接掖持颐[4]，蹶泥则没足灭跗[5]。还虷[6]蟹与蝌蚪，莫吾能若也。且夫，擅一壑之水而跨跱[7]，坎井之乐，此亦至矣！夫子奚不时来入观乎？"

东海之鳖左足未入而右膝已絷[8]矣。于是逡巡[9]而却。告之海，曰："夫千里之远不足以举其大，千仞之高不足以极其深。禹之时，十年九潦，而水弗为加益；汤之时，八年七旱，而崖不为加损。夫不为顷久推移，不以多少进退者，此亦东海之大乐也。"

于是，坎井之蛙闻之，适适然惊，规规然[10]自失也。

注　释

[1] 选自《庄子·秋水》。
[2] 坎：浅。
[3] 甃：以砖砌成的井壁。

[4] 接腋持颐：指水浸到胳肌窝，托住下巴，十分舒服。掖：同"腋"，俗名胳肌窝。颐：下颌，下巴。

[5] 跗：脚背。

[6] 虷：井中的红色小虫。

[7] 跨跱：叉开腿立着。

[8] 縶：绊住了。

[9] 逡巡：犹豫不前的样子

[10] 规规然：拘束不安的样子。

解 读

宇宙无终极，学识无穷尽。寓言《坎井之蛙》告诫我们，千万不要因一孔之见便扬扬自得，不要因一得之功便扬扬得意。

这篇故事也向我们提出了一个发人深思的问题。故事中的青蛙不就是我们身边的一部分人吗？自己只有一点点知识，却翘起尾巴，觉得世界上就只有他最了不起。这种人听不进别人的劝告，目光短浅，整天沉浸在自己生活的小圈子里，做不出任何成绩。相反，知识渊博、谦虚谨慎的人，常常觉得自己的知识不够用。他们越觉得自己的知识少就越发加倍努力地学习，在知识的海洋里，他们无时无刻不在探索寻求。这种人才是值得我们学习的。

🌸 课后作业

1. 下列句子中的"之"都是代词，请分别写出它们指代的内容。

（1）告之海

（2）而水弗为加益

（3）坎井之蛙闻之

2. 下列句子中，与例句句式相同的一组是（　　）。

例句：莫吾能若也。

①莫愁前路无知己　②莫之夭阏者　③宫妇左右莫不私王　④后世之谬其传而莫能名者　⑤莫我肯顾　⑥莫令事不举　⑦古之人不余欺也　⑧子不闻藏书者乎

A. ①④⑦　B. ②⑤⑦　C. ①③⑧　D. ②⑥⑧

杞人忧天[1]

杞国有人,忧天地崩坠[2],身亡所寄[3],废寝食者。又有忧彼之所忧者[4],因往晓[5]之,曰:"天,积气耳,亡处亡气[6]。若屈伸[7]呼吸,终日在天中行止[8],奈何忧崩坠乎?"其人曰:"天果[9]积气,日月星宿,不当坠耶[10]?"晓之者曰:"日月星宿,亦积气中之有光耀者,只使[11]坠,亦不能有所中伤[12]。"其人曰:"奈地坏何[13]?"晓之者曰:"地,积块耳[14],充塞四虚[15],亡处亡块。若躇步跐蹈[16],终日在地上行止,奈何忧其坏?"其人舍然[17]大喜,晓之者亦舍然大喜。

注 释

[1] 选自《列子·天瑞》。

[2] 崩坠:崩塌,坠落。

[3] 身亡所寄:没有地方存身。亡:同"无"。寄:依附,依托。

[4] 又有忧彼之所忧者:又有一个为他的忧愁而担心的人。

[5] 晓:开导。

[6] 亡处亡气:没有一处没有气。

[7] 若:你。屈伸:身体四肢的活动。

[8] 终日在天中行止:整天在天空气体里活动。行止:行动和停留。

[9] 果:果然,果真。

[10] 日月星宿(xiǔ),不当坠耶:日月星辰不就会坠落下来了吗?星宿:泛指星辰。

[11] 只使:即使。

[12] 中伤:打中击伤。

[13] 奈地坏何:那地坏了(又)怎么办呢?

[14] 地,积块耳:大地是土块堆积成的罢了。

[15] 四虚:四方。

[16] 躇(chú)步跐(cǐ)蹈:泛指人的站立行走。躇:立。步:走。跐:踩。蹈:踏。

[17] 舍然:释然,放心的样子。

解 读

"杞人忧天"这种对话看似童真,实则含有科学探索意义。为什么忧天者是杞国人而不是宋国人、鲁国人呢?为什么长庐子这样的古典宇宙学家其书不传,其思想体系也在学术史上彻底失踪了呢?

现如今，灾难深重的中华民族终于迎来了科学的春天，为了不辜负这千载难逢的历史机遇，早日实现中华民族的伟大复兴，也为了拯救日趋严重的全球性生态危机，我们真该多些担忧了。

课后作业

1. 解释下列句子中加点的字。
（1）身亡所寄。
（2）奈何忧崩坠乎。
（3）天果积气。
（4）其人舍然大喜。
2. 翻译下面的句子。
若躇步跐蹈，终日在地上行止，奈何忧其坏？
3. 杞人为什么忧天？这则寓言嘲讽了什么样的人？

郑人买履[1]

郑人有欲[2]买履者[3]，先[4]自度[5]其足，而[6]置[7]之[8]其[9]坐[10]。至[11]之[12]市，而忘操[13]之。已[14]得[15]履，乃[16]曰[17]："吾忘持[18]度[19]。"反归取之[20]。及[21]反[22]，市罢[23]，遂[24]不得履。人曰："何不试之以足？"曰："宁[25]信度，无[26]自信[27]也。"

注　释

[1] 选自《韩非子·外储说左上》。郑：春秋时代郑国，在现今河南省的新郑市。履：鞋子。

[2] 欲：将要，想要。

[3] 者：定语后置，……的人。

[4] 先：首先，事先。

[5] 度（duN）：动词，用尺子度量的意思。

[6] 而：顺承连词，意为然后。

[7] 置：动词，放，搁在。

[8] 之：代词，它，此处指量好的尺码。

[9] 其：代词，他的，指郑人的。

[10] 坐：通"座"，座位。

[11] 至：等到。

[12] 之：动词，到……去，前往。

[13] 操：动词，拿、携带。

[14] 已：时间副词，已经。

[15] 得：得到，拿到。

[16] 乃：于是，就。

[17] 曰：说。

[18] 持：动词，拿，同"操"。

[19] 度（dī）：名词，量好的尺码。

[20] 之：文言代名词，这里指量好的尺码。

[21] 及：等到。

[22] 反：通"返"，返回。

[23] 罢：引申为散了、完结的意思，这里指集市已经解散。

[24] 遂：最终。

[25] 宁（nīng）：副词，宁可，宁愿。

[26] 无：虚无，没有，这里是不能、不可的意思。

[27] 自信：相信自己。

解 读

古时候有个人只相信量脚得到的尺码，却不相信自己的脚，不仅连鞋子也没买到，还沦为笑柄。这则寓言告诫我们做事不要墨守成规、迷信教条，要尊重客观事实。现实生活中像郑人这样的人还不少。他们说话、办事、想问题，只从书本出发，不从实际出发。在这种人看来，只有书本上的才是真理。这样，思想当然就会僵化，行动就容易碰壁。

课后作业

1. 找出下列句子中的通假字。

（1）而置之其坐。

（2）反归取之。

2. 下列加点词语意思不相同的一项是（　　）。
　　A．先自度其足　　　何不试之以足
　　B．宁信度　　　　　无自信也
　　C．郑人有欲买履者　遂不得履
　　D．先自度其足　　　吾忘持度
3. 解释"之"字在句子中的意义。
（1）反归取之。
（2）何不试之以足？
（3）至之市，而忘操之。
4. 翻译下列句子，并用括号补出省略的内容。
（1）而置之其坐。
（2）及反，市罢，遂不得履。
5. 为什么这位郑人会"宁信度，无自信"？

叶公好龙[1]

叶公子高[2]好[3]龙，钩[4]以写[5]龙，凿[6]以写龙，屋室雕文[7]以[8]写龙。于是天龙闻[9]而下之[10]，窥[11]头于牖[12]，施[13]尾于堂[14]。叶公见之，弃而还走[15]，失其魂魄，五色无主[16]。是[17]叶公非好龙也[18]，好夫[19]似龙而非龙者也。

注释

[1] 选自刘向《新序·杂事》。
[2] 叶公，春秋时楚国叶县县令沈诸梁，字子高，封于叶（古邑名，今河南叶县）。
[3] 好：喜欢。
[4] 钩：衣服上的带钩。
[5] 写：画。
[6] 凿：通"爵"，古代饮酒的器具。
[7] 屋室雕文：房屋上雕刻的图案、花纹。"文"通"纹"。
[8] 以：在。
[9] 闻：听说。
[10] 下之：到叶公住所处。
[11] 窥（kuī）：这里是探望、偷看的意思。

[12] 牖（yǒu）：窗户。

[13] 施（yí）：延伸，同"拖"。

[14] 堂：厅堂。

[15] 还（xuán）走：转身就跑。"还"通"旋"。

[16] 五色无主：脸色一忽儿白，一忽儿黄。五色，这里指脸色。

[17] 是：由此看来。

[18] 是叶公非好龙也：由此看来，叶公并不是真的喜欢龙。

[19] 夫：这，那。

解 读

叶公好龙的故事，多数人仅讥笑叶公之可笑，而未深入思考。我们 21 世纪之有为青年，首要任务为学习。爱学习，即主动学，而非被动学。

我们应当把学习当作一种乐趣，不当叶公之缩影。

课后作业

1．解释下列句子中加点的字。

（1）施尾于堂。

（2）弃而还走。

2．用现代汉语翻译下面的句子。

是叶公非好龙也，好夫似龙而非龙者也。

3．叶公"弃而还走"的根本原因是什么？"叶公好龙"这个成语通常用来讽刺什么？

螳螂捕蝉[1]

吴王[2]欲伐荆[3]，告其左右曰："敢有谏[4]者死！"舍人[5]有少孺子[6]者欲谏不敢，则怀丸操弹[7]，游于后园，露沾其衣，如是者三旦[8]。吴王曰："子来，何苦沾衣如此？"对曰："园中有树，其上有蝉，蝉高居[9]悲鸣饮露[10]，不知螳螂在其后也；螳螂委身曲附[11]，欲取蝉，而不知黄雀在其傍[12]也；黄雀延颈[13]，欲啄螳螂，而不知弹丸在其下也。此三者皆务欲得其前利[14]，而不顾[15]其后之有患也。"吴王曰："善哉[16]！"乃罢[17]其兵。

注 释

[1] 选自刘向《说苑·正谏》。

[2] 吴王：指吴王阖闾之子夫差。

[3] 欲伐荆：想攻打楚国。欲：想要。伐：讨伐。荆：楚国。

[4] 谏：劝谏，旧时指规劝君王使其改正错误。

[5] 舍人：门客，指封建官僚贵族家里养的帮闲或帮忙的人，以及国王的侍从及官员。

[6] 少孺子：年轻人。

[7] 怀丸操弹：怀里藏着弹丸，手里拿着弹弓。

[8] 三：几次。旦：早晨。

[9] 高居：处在高处。居：处。

[10] 悲鸣饮露：一边放声叫着一边吮吸着露水。

[11] 委身曲附：弯曲身子贴紧前肢。委、曲：弯曲。"附"通"跗"，指脚背。

[12] 傍：通"旁"，旁边。

[13] 延颈：伸长脖子。延：伸长。

[14] 前利：眼前的利益。

[15] 顾：考虑，照顾。

[16] 善哉：好啊。

[17] 罢：停止。

解 读

"螳螂捕蝉"是一个成语，与"黄雀在后"连用，即"螳螂捕蝉，黄雀在后"，用来比喻只见眼前利益而不顾后患。在生活中，只顾眼前利益而从不想后果的人比比皆是。在教室里，有些同学只顾随手扔垃圾，而破坏环境，根本没有想到这样做正在危害着我们的身心健康。随手扔垃圾是很方便，可是地上太脏了，随便活动一下就灰尘漫天，我们在这样的教室里学习，吸进了灰尘，很容易得各种疾病。吴王从执迷中醒悟过来了，他考虑到了藏在身后的危险。难道我们不能明白"螳螂捕蝉，黄雀在后"的真正含义吗？是的，现在社会上大多数人都想使自己得到利益，可是，天上是不会掉下"馅饼"的，我们应该考虑到自己身后的危机。"螳螂捕蝉，黄雀在后"不正说明了这一点吗?

课后作业

1. 解释下列句子中的加点字。
(1) 欲取蝉。
(2) 而不知黄雀在其傍也。
(3) 黄雀延颈。

2. 下列句子中的"其"各指代什么?
(1) 园中有树,其上有蝉。
(2) 不知螳螂在其后也。
(3) 而不知黄雀在其傍也。
(4) 而不知弹丸在其下也。

3. 翻译下面的句子。
此三者皆务欲得其前利,而不顾其后之有患也。

4. 出自本文的成语是什么?它有何比喻义?

5. 这则故事给你带来哪些启示?

心不在马[1]

赵襄主学御[2]于王于期[3],俄而与子期逐[4],三易[5]马而三后。襄主曰:"子之教我御,术未尽也。"对曰:"术已尽,用之则过也。凡御之所贵[6],马体安于车,人心调[7]于马,而后可以进速致远。今君后则欲逮[8]臣,先则恐逮于[9]臣。夫诱道[10]争远,非先则后也。而先后心皆在于臣,上[11]何以调于马?此君之所以后也。"

注 释

[1] 选自《韩非子·喻老》。
[2] 御:驾车。
[3] 王于期:应作"王子于期",古代有王子氏,这个人当是姓王子,名于期,是个善于驾车的人。
[4] 逐:追赶,这里指驾车赛马。
[5] 易:调换。
[6] 所贵:意为关键所在,最要紧的。

[7] 调：协调，指驾驭。

[8] 逮：赶上。

[9] 于：被。

[10] 诱道：诱导，指引导马匹沿着道路前进，把马引到正路上去。

[11] 上：同"尚"，还。

解读

赵襄王向王子期学习驾车，不久就和王子期比赛，赵襄王换了三次马，三次都落后了。赵襄王说："你教我驾车并没有把真本事全传给我。"王子期回答说："真本事都教给您了，是您使用得不恰当。凡驾驭马车特别注重的是，要使马套在车辕里很舒适，人的注意力要集中在马上，这样才可以加快速度达到目的。现在国君您在落后时就一心想快点追上我，跑在前面时又怕被我赶上。其实驾车比赛这件事，不是跑在前面就是落在后面。而您不管是跑在前面还是落在后面，都总是把心思用在和我比赛输赢上，还有什么心思去注意马呢？这就是您落后的原因了。"

同学们，我们的学习不也是如此吗？很多同学面对不理想的分数，把责任推卸给老师与家长，或是归咎于学习环境不好，根本不正视自身的问题。所以在学习成绩不理想的时候，我们一定要从自身找原因，改正一些不好的学习习惯与行为。

课后作业

1. 选出加点的"于"解释及用法相同的三组：（ ）和（ ）相同；（ ）和（ ）相同；（ ）和（ ）相同。

　　A. 赵襄主学御于王子期　　　　B. 生于忧患，死于安乐

　　C. 每假借于藏书之家　　　　　D. 先则恐逮于臣

　　E. 万钟于我何加焉　　　　　　F. 兴复汉室，还于旧都

　　G. 未尝不痛恨于桓灵也　　　　H. 游于是乎始

　　I. 马体安于车　　　　　　　　J. 刻唐贤今人诗赋于其上

2. 选出加点词解释及用法相同的两组：（ ）和（ ）相同；（ ）和（ ）相同。

　　A. 此君之所以后也　　　　　　B. 所以动心忍性

C．此臣所以报先帝而忠陛下之职分也

　　D．此后汉所以倾颓也　　　　E．吾知所以距子矣

3．下列各项中的"之"与"子之教我御"中的"之"用法一样的是（　　）。

　　A．故时有物外之趣　　　　B．怅恨久之

　　C．益慕圣贤之道　　　　　D．医之好治不病以为功

4．翻译下面的句子。

上何以调于马？

二、后 出 师 表

诸葛亮

先帝深虑汉、贼不两立[1]，王业不偏安[2]，故托臣以讨贼也。以先帝之明，量臣之才，故知臣伐贼，才弱敌强也。然不伐贼，王业亦亡。惟坐而待亡，孰与伐之[3]？是故托臣而弗疑也。

臣受命之日，寝不安席，食不甘味。思惟北征[4]。宜先入南[5]。故五月渡泸，深入不毛，并日而食[6]；臣非不自惜也，顾王业不可得偏全于蜀都[7]，故冒危难，以奉先帝之遗意也，而议者谓为非计[8]。今贼适疲于西，又务于东[9]，兵法乘劳，此进趋之时也[10]。谨陈其事如左：

高帝明并日月[11]，谋臣渊深[12]，然涉险被创[13]，危然后安。今陛下未及高帝，谋臣不如良、平[14]，而欲以长策取胜[15]，坐定天下[16]，此臣之未解一也[17]。

刘繇、王朗各据州郡[18]，论安言计，动引圣人，群疑满腹，众难塞胸，今岁不战，明年不征，使孙策坐大[19]，遂并江东[20]，此臣之未解二也。

曹操智计，殊绝于人[21]，其用兵也，仿佛孙、吴[22]，然困于南阳[23]，险于乌巢[24]，危于祁连[25]，偪于黎阳[26]，几败北山[27]，殆死潼关[28]，然后伪定一时耳[29]。况臣才弱，而欲以不危而定之，此臣之未解三也。

曹操五攻昌霸不下[30]，四越巢湖不成[31]，任用李服而李服图之[32]，委任夏侯而夏侯败亡[33]，先帝每称操为能，犹有此失，况臣驽下，何能必胜？此臣之未解四也。

自臣到汉中[34]，中间期年耳[35]，然丧赵云、阳群、马玉、阎芝、丁立、白寿、刘郃、邓铜等及曲长、屯将七十余人[36]，突将、无前、賨叟、青羌、散骑、武骑一千余人[37]。此皆数十年之内所纠合四方之精锐，非一州之所有；若复数年，则损三分之二也，当何以图敌[38]？此臣之未解五也。

今民穷兵疲，而事不可息；事不可息，则住与行劳费正等。而不及今图之，欲以一

州之地，与贼持久，此臣之未解六也。

夫难平者[39]，事也。昔先帝败军于楚[40]，当此时，曹操拊手[41]，谓天下以定[42]。然后先帝东连吴越[43]，西取巴蜀[44]，举兵北征，夏侯授首[45]，此操之失计，而汉事将成也。然后吴更违盟，关羽毁败[46]，秭归蹉跌[47]，曹丕称帝[48]。凡事如是，难可逆见[49]。臣鞠躬尽力[50]，死而后已。至于成败利钝[51]，非臣之明所能逆睹也[52]。

注 释

[1] 汉：指蜀汉。贼：指曹魏。古时往往把敌方称为贼。

[2] 偏安：指王朝局处一地，自以为安。

[3] 孰与：谓两者相比，应取何者。

[4] 惟：助词。

[5] 入南：指诸葛亮深入南中，平定四郡事。

[6] 并日：两天合作一天。

[7] 顾：这里有"但"的意思。蜀都：此指蜀汉之境。

[8] 议者：指对诸葛亮决意北伐发表不同意见的官吏。

[9] 这两句指建兴六年（228 年）诸葛亮初出出祁山（在今甘肃省礼县东）时，曹魏西部的南安、天水、安定三郡叛变，牵动关中局势，以及在魏、吴边境附近的夹石（今安徽省桐城市北）东吴大将陆逊击败魏大司马曹休两事。

[10] 进趋：快速前进。

[11] 高帝：刘邦死后的谥号为"高皇帝"。并：平列。

[12] 渊深：指学识广博，计谋高深莫测。

[13] 被创：受创伤。这句是说刘邦在楚汉战争中，屡败于楚军，公元前 203 年，在广武（今河南省荥阳市）被项羽射伤胸部；公元前 200 年在白登山还遭到匈奴的围困；在汉朝初建时，因镇压各地的叛乱而多次出征，公元前 195 年又曾被淮南王英布的士兵射中。

[14] 良：张良，汉高祖的著名谋士，与萧何、韩信被称为"汉初三杰"。平：陈平，汉高祖的著名谋士，后位至丞相。

[15] 长策：长期相持的打算。

[16] 坐：安安稳稳。

[17] 未解：不能理解。胡三省认为"解"应读作"懈"，未解即未敢懈怠之意。两说皆可通。

[18] 刘繇（yNu）：字正礼，东汉末年任扬州刺史，因受淮南大军阀袁术的逼迫，南渡长江，不久被孙策攻破，退保豫章（今江西省南昌市），后为豪强笮融攻杀。《三国

志·吴书》有传。王朗：字景兴，东汉末年为会稽（治所在今浙江省绍兴市）太守，孙策势力进入江浙时，兵败投降，后为曹操所征召，仕于曹魏。

[19] 孙策：字伯符，孙权的长兄。父孙坚死后，孙策借用袁术的兵力，兼并江南地区，为孙吴政权的建立打下基础，不久遇刺身死。

[20] 江东：指长江中下游地区。

[21] 殊绝：极度超出的意思。

[22] 孙：指孙武，春秋末期人，曾为吴国将领，善用兵，著有兵法十三篇。吴：指吴起，战国初期著名军事家，有《吴子兵法》传世。

[23] 困于南阳：建安二年（197年）曹操在宛城（今河南省南阳市，汉时南阳郡的治所）为张绣所败，身中流矢。

[24] 险于乌巢：建安五年（200年），曹操与袁绍在官渡相持，因乏粮难支，在荀攸等人的劝说下，坚持不退，后焚烧掉袁绍在乌巢所屯的粮草，才得险胜。

[25] 危于祁连：这里的"祁连"，据胡三省说，可能是指邺（在今河北省磁县东南）附近的祁山。当时（204年）曹操围邺，袁绍少子袁尚败守祁山（在邺南面），操再败之，并还围邺城，险被袁将审配的伏兵所射中。

[26] 偪（bī，同"逼"）于黎阳：建安七年（202年）五月，袁绍死，袁谭、袁尚固守黎阳（今河南浚县东），曹操连战不克。

[27] 几败北山：事不详。可能指建安二十四年（219年），曹操率军出斜谷，至阳平北山（今陕西勉县西），与刘备争夺汉中，刘备据险相拒，曹军军心涣散，遂撤还长安。

[28] 殆死潼关：建安十六年（211年），曹操与马超、韩遂战于潼关，在黄河边与马超军遭遇，曹操避入舟中，马超骑兵沿河追射之。殆：几乎。

[29] 伪定：此言曹氏统一北中国，僭称国号。诸葛亮以蜀汉为正统，因而斥曹魏为"伪"。

[30] 昌霸：又称昌豨。建安四年（199年），刘备袭取徐州，东海昌霸叛曹，郡县多归附刘备。

[31] 四越巢湖：曹魏以合肥为军事重镇，巢湖在其南面。而孙吴在巢湖以南长江边上的须濡口设防，双方屡次在此一带作战。

[32] 李服：建安四年，车骑将军董承根据汉献帝密诏，联络将军吴子兰、王服和刘备等谋诛曹操，事泄，董承、吴子兰、王服等被杀。据胡三省云："李服，盖王服也。"

[33] 夏侯：指夏侯渊。曹操遣夏侯渊镇守汉中。刘备取得益州之后，于建安二十四年出兵汉中，蜀将黄忠于阳平关定军山（今陕西省勉县东南）击杀夏侯渊。

[34] 汉中：郡名，以汉水上流（沔水）流经而得名，治所在南郑（今陕西省汉中

市东）。

[35] 期（jī）年：一周年。

[36] 赵云、阳群等都是蜀中名将。曲长、屯将是部曲中的将领。

[37] 突将、无前：蜀军中的冲锋将士。賨（cóng）叟、青羌：蜀军中的少数民族部队。散骑、武骑：都是骑兵的名号。

[38] 图：对付。

[39] 夫：发语词。平：同"评"，评断。

[40] 败军于楚：指建安十三年（208年），曹操大军南下，刘备在当阳长坂被击溃事。当阳属古楚地，故云。

[41] 拊手：拍手。

[42] 以定：已定，以，同"已"。

[43] 本句指刘备遣诸葛亮去江东连和，孙刘联军在赤壁大破曹军。

[44] 本句指建安十六年（211年）刘备势力进入刘璋占据的益州，后来攻下成都，取得巴蜀地区。

[45] 授首：交出脑袋。参见前注[33]。

[46] 关羽：字云长，蜀汉大将，刘备入川时，镇守荆州，建安二十四年，他出击曹魏，攻克襄阳，擒于禁，斩庞德，威震中原。孙权趁机用吕蒙计谋偷袭荆州，擒杀关羽父子。

[47] 本句指刘备因孙权背盟，袭取荆州，杀害关羽，就亲自领兵伐吴，在秭归（在今湖北省宜昌市北）被吴将陆逊所败。蹉跌：失坠，喻失败。

[48] 曹丕：字子桓，曹操子。在公元220年废汉献帝为山阳公，建立魏国，是为魏文帝。

[49] 逆见：预见，预测。

[50] 鞠躬尽力：指为国事用尽全力。一作"鞠躬尽瘁"。

[51] 利钝：喻顺利或困难。

[52] 逆覩（dǔ）：亦作"逆睹"，预知，预料。

解 读

《出师表》出自《三国志·诸葛亮传》卷三十五，是三国时期蜀汉丞相诸葛亮在北伐中原之前给后主刘禅上书的表文，阐述了北伐的必要性，以及对后主刘禅治国寄予的期望，言辞恳切，写出了诸葛亮的一片忠诚之心。这篇表文以议论为主，兼用记叙和抒情。历史上有《前出师表》和《后出师表》，通常所说的《出师表》一般指《前出师表》。为了实现全国统一，诸葛亮在平息南方叛乱之后，于227年决定北上伐魏，夺取凉州，临行之前上书后主,以恳切委婉的言辞劝勉后主要广开言路、严明赏罚、亲贤远佞,以此兴复汉室;同时也表达自己以身许国,忠贞不二的思想。

初中课文回顾

出 师 表

诸葛亮

臣亮言:先帝创业未半而中道崩殂,今天下三分,益州疲弊,此诚危急存亡之秋也。然侍卫之臣不懈于内,忠志之士忘身于外者,盖追先帝之殊遇,欲报之于陛下也。诚宜开张圣听,以光先帝遗德,恢弘志士之气,不宜妄自菲薄,引喻失义,以塞忠谏之路也。

宫中府中,俱为一体;陟罚臧否,不宜异同。若有作奸犯科及为忠善者,宜付有司论其刑赏,以昭陛下平明之理,不宜偏私,使内外异法也。

侍中、侍郎郭攸之、费祎、董允等,此皆良实,志虑忠纯,是以先帝简拔以遗陛下。愚以为宫中之事,事无大小,悉以咨之,然后施行,必能裨补阙漏,有所广益。

将军向宠,性行淑均,晓畅军事,试用于昔日,先帝称之曰"能",是以众议举宠为督。愚以为营中之事,悉以咨之,必能使行阵和睦,优劣得所。

亲贤臣,远小人,此先汉所以兴隆也;亲小人,远贤臣,此后汉所以倾颓也。先帝在时,每与臣论此事,未尝不叹息痛恨于桓、灵也。侍中、尚书、长史、参军,此悉贞良死节之臣,愿陛下亲之信之,则汉室之隆,可计日而待也。

臣本布衣,躬耕于南阳,苟全性命于乱世,不求闻达于诸侯。先帝不以臣卑鄙,猥自枉屈,三顾臣于草庐之中,咨臣以当世之事,由是感激,遂许先帝以驱驰。后值倾覆,受任于败军之际,奉命于危难之间,尔来二十有一年矣。

先帝知臣谨慎,故临崩寄臣以大事也。受命以来,夙夜忧叹,恐托付不效,以伤先帝之明,故五月渡泸,深入不毛。今南方已定,兵甲已足,当奖率三军,北定中原,庶竭驽钝,攘除奸凶,兴复汉室,还于旧都。此臣所以报先帝而忠陛下之职分也。至于斟酌损益,进尽忠言,则攸之、祎、允之任也。

愿陛下托臣以讨贼兴复之效,不效,则治臣之罪,以告先帝之灵。若无兴德之言,则责攸之、祎、允等之慢,以彰其咎。陛下亦宜自谋,以咨诹善道,察纳雅言,深追先帝遗诏。臣不胜受恩感激。

今当远离,临表涕零,不知所言。

上篇 文 选

> 课后作业

1. 解释下列句子中加点的字词。
   (1) 躬耕于南阳
   (2) 先帝不以臣卑鄙
   (3) 约己爱民
   (4) 悉仰于官

2. 用现代汉语翻译下列句子。
   (1) 受任于败军之际，奉命于危难之间。
   (2) 臣死之日，不使内有余帛，外有盈财，以负陛下也。

3. 下列句子中朗读节奏划分不正确的一项是（　　）。
   A. 先帝/不以臣卑鄙　　B. 咨臣/以当世之事
   C. 提拔隐逸/以进贤良　D. 臣身/在外

4. 两文体现了诸葛亮的哪些可贵品质？

5. 两文中诸葛亮反复向后主刘禅提出了一条什么建议？这条建议在当今有何现实意义？

三、叔向贺贫[1]

叔向见韩宣子[2]，宣子忧贫，叔向贺之。宣子曰："吾有卿之名，而无其实[3]，无以从二三子，吾是以忧。子贺我何故？"

对曰："昔栾武子无一卒之田，其宫不备其宗器，宣其德行，顺其宪则，使越于诸侯[4]。诸侯亲之，戎、狄怀之，以正晋国。行刑不疚，以免于难[5]。及桓子骄泰奢侈，贪欲无艺，略则行志，假货居贿，宜及于难，而赖武之德以没其身[6]。及怀子改桓之行，而修武之德，可以免于难，而离桓之罪，以亡于楚[7]。

"夫郤昭子，其富半公室，其家半三军，恃其富宠，以泰于国[8]。其身尸于朝，其宗灭于绛[9]。不然，夫八郤五大夫三卿，其宠大矣，一朝而灭，莫之哀也，惟无德也[10]！今吾子有栾武子之贫，吾以为能其德[11]矣，是以贺。若不忧德之不建，而患货之不足，将吊不暇，何贺之有？"

宣子拜稽首焉，曰："起也将亡，赖子存之。非起也敢专承之，其自桓叔以下，嘉吾子之赐[12]！"

注 释

[1] 选自《国语·晋语八》。

[2] 宣子：名起，晋国的正卿。

[3] 实：指财富。

[4] 栾武子：即栾书，晋国的上卿。一卒之田：古代上大夫的俸禄。一卒为一百人，一卒之田为一百顷。栾书为晋上卿，按规定有一旅之田（即五百顷）。宗器：宗庙祭祀所用的礼器。宪则：法制。越：发闻，传播。

[5] 行刑：实行国家的法律。疚：病。以免于难：指栾书曾杀晋厉公，立晋悼公。因其行为公正，有德于人，未受到"弑君"的责难。

[6] 桓子：即栾黡（yǎn），栾书之子。骄泰：骄傲放纵。无艺：无极，无厌。略则：干犯法纪。行志：任性而为。假贷：放债。居贿：囤积货财。宜及于难：本该遭到祸患。

[7] 怀子：即栾盈，栾黡之子。以亡于楚：指栾盈因遭阳华之谮，说他的祖父栾书曾杀晋厉公，因而逃亡楚国。

[8] 郤昭子：名至，晋国的正卿。半公室：指财富占诸侯家族的一半。半三军：指晋国上、中、下三军中的将佐，郤家的人占半数。泰：奢泰骄恣。

[9] 其身尸于朝：指公元前574年，晋厉公杀三郤（郤锜、郤犨、郤至），皆陈尸于朝。绛（jiàng）：晋故都，在今山西省翼城县东南。

[10] 八郤五大夫、三卿：指郤氏八人中郤文、郤豹、郤芮、郤谷、郤溱五人为晋大夫，郤锜、郤犨、郤至三人为晋卿。莫之哀也：没有人哀怜他们。

[11] 能其德：谓能修栾武子的德行。

[12] 专承：单独承受。吾子：对人亲密的称呼。

解 读

《叔向贺贫》主要通过人物对话的方式，先提出"宣子忧贫，叔向贺之"这个出人意料的问题，然后层层深入地展开论述。文章先不直接说明要贺的原因，而是举出栾、郤两家的事例说明贫可贺，富可忧，可贺可忧的关键在于是否有德。继而将宣子与栾武子加以类比，点出可贺的原因，并进一步指出，如果不建德而忧贫，则不但不可贺，反而是可吊的，点出本文的中心论点。最后用韩宣子的拜服作结，说明论点，有巨大的说服力。这样既把道理讲得清清楚楚，又使人感到亲切自然。本文引用历史事实，阐明了贫不足忧，而应重视建德，没有德行，则越富有而祸害越大，有德行则可转祸为福的道理。

课后作业

1. 下列句子中加点的词的意义，解释不正确的一项是（　　）。
   A. 宣其德行，顺其宪则（宣：发扬）
   B. 诸侯亲之，戎、狄怀之（怀：怀念）
   C. 恃其富宠，以泰于国（泰：骄泆、奢侈）
   D. 夫八郤五大夫三卿，其宠大矣（宠：荣耀）

2. 下列各组句子中加点字的意义和用法相同的一组是（　　）。
   A. 可以免于难，而离桓之罪　　公子往而臣不送
   B. 子贺我何故　　　　　　　徐公何能及君也
   C. 其宫不备其宗器　　　　　如吾之衰者，其能久存乎
   D. 将吊不暇，何贺之有　　　五亩之宅，树之以桑

3. 下列短语中加点词语意义的解释，不正确的一项是（　　）。
   A. 假贷居贿（居贿：积蓄财物）
   B. 贪欲无艺（无艺：没限度）
   C. 而无其实（其实：他的实权）
   D. 行刑不疚（不疚：无过失）

4. 将下列语句分别编为四组，全都属于叔向所肯定或提倡的作为的一组是（　　）。
   ①无一卒之田；②顺其宪则；③行刑不疚；④修武之德；⑤有栾武子之贫；⑥忧德之不建。
   A. ①③⑤⑥　　B. ①②③④　　C. ②③④⑤　　D. ②③④⑥

5. 下列对原文有关内容的概括，不正确的一项是（　　）。
   A. 叔向诚心希望韩宣子不嫌贫穷并能施行栾武子那样的德行。
   B. 曾经显赫一时的郤昭子及其家族覆灭的根本原因是德行沦丧。
   C. 叔向以桓子贪婪骄横终遭祸殃的事例教育韩宣子应安贫乐道。
   D. 韩宣子认为是叔向的开导挽救了自己，表示世代铭记他的恩惠。

6. 用现代汉语翻译下列句子。
   (1) 今吾子有栾武子之贫，吾以为能其德矣，是以贺。
   (2) 起也将亡，赖子存之。

四、高帝求贤诏[1]

　　盖闻王者莫[2]高于周文[3],伯[4]者莫高于齐桓[5],皆待贤人而成名。今天下贤者智能[6],岂特[7]古之人乎?患在人主[8]不交故也,士奚由[9]进?今吾以天之灵[10],贤士大夫,定有天下,以为一家[11]。欲其长久,世世奉宗庙[12]亡绝[13]也。贤人已与我共平[14]之矣,而不与吾共安利[15]之,可乎?贤士大夫有肯从我游[16]者,吾能尊显[17]之。布告天下,使明知朕[18]意。

　　御史大夫[19]昌[20]下[21]相国[22],相国酂侯[23]下诸侯王,御史中执法[24]下郡守[25],其有[26]意[27]称[28]明德[29]者,必身劝[30],为之驾,遣诣[31]相国府,署[32]行义年[33],有而弗言,觉免[34]。年老癃[35]病,勿遣[36]。

注　释

　　[1] 选自《汉书》。高帝即汉高祖刘邦,字季,沛(今江苏沛旦)人。西汉王朝的建立者,公元前206~前195年在位。他继承秦制,实行中央集权制度和重农抑商政策,发展农业生产,打击商贾,并能知人善任、任人唯贤。诏:诏书,皇帝的命令或文告。

　　[2] 莫:没有什么人,无定代词。

　　[3] 周文:即周文王,姓姬,名昌,商纣时为西伯。在位五十年,国势强盛。

　　[4] 伯:通"霸",春秋时诸侯的盟主。

　　[5] 齐桓:即齐桓公。姓姜,名小白。他任用管仲,富国强兵,九合诸侯,成为春秋时第一个霸主。

　　[6] 智能:智谋与才能。

　　[7] 岂特:岂独,难道只。

　　[8] 人主:人君。

　　[9] 奚由:由奚,从哪里。奚,何,哪里。

　　[10] 灵:威灵,有保佑的意思。

　　[11] 以为一家:以天下为一家。以,介词。"以"后省略了宾语"之"(天下)。

　　[12] 宗庙:奉祀祖先的庙堂。古时把帝王的宗庙当作国家的象征。

　　[13] 亡绝:无穷。亡,通"无"。

　　[14] 平:平定。

　　[15] 安利:安养。

　　[16] 游:交游,这里有共事的意思。

　　[17] 尊显:置人于尊贵显赫的地位。

[18] 朕：我，我的。古时君臣都可称"朕"，自秦始皇时起，专作皇帝自称。

[19] 御史大夫：汉朝仅次于丞相的中央最高长官之一。协助相国，掌管机要文书和监察事务。

[20] 昌：周昌，高祖功臣。

[21] 下：下达。

[22] 相国：即丞相，秉承皇帝旨意处理国家政事的最高行政长官。

[23] 酂（zàn）侯：指萧何。

[24] 御史中执法：又称御史中丞，地位仅次于御史大夫。这里指诸侯国掌管监察、执法职务的长官。

[25] 郡守：郡的最高行政长官，即太守。

[26] 其有：如有。

[27] 意：美好的名声。

[28] 称（chèn）：相符。

[29] 明德：美德。

[30] 身劝：亲自往劝出仕。

[31] 诣：前往。

[32] 署：题写。

[33] 行、义、年：事迹、状貌、年龄。义，通"仪"。

[34] 觉免：发觉后受免职处分。

[35] 癃（lóng）：腰部弯曲，背部隆起。这里泛指残疾。

[36] 遣：派送，打发。

解 读

西汉初年，汉高祖刘邦虽然认识到人才的重要性，但他认为他的天下"于马上得之"，厌恶甚至拒斥知识分子。陆贾反驳他说："于马上得之，宁可以马上治之乎？"刘邦遂有所悟，后来就颁布了这道求贤诏。文章开篇即以古代的贤王霸主自比，提出了他们成功的原因在于任用贤能。接着认为当今天下也有像古代一样的贤才，还把天下的兴衰治乱与贤才的能否进身致用联系起来。最后，提出了自己的旨意：要求他的下属官吏举荐贤才，有而不荐的还要受到惩罚。于是他将自己经天纬地的宏图大略与招纳贤才的实际行动结合了起来，表现了一代帝王的雄才大略。这篇文章从古代的有为帝王谈起，引出了举荐贤才的重要性；又由举荐贤才联系到治理天下，层层展开；最后提出了自己诏告天下举贤任能的旨意，环环紧扣、不枝不蔓，写得十分简短而紧凑。

课后作业

1．解释下列句子中加点的字。
（1）皆待贤人。
（2）患在人主。
（3）不交故也。
（4）士奚由进。

2．用原文回答下列问题。
（1）作者认为周文王、齐桓公一统天下或称霸诸侯的原因是什么？
（2）作者认为自己一统天下应该靠什么？
（3）天下所有帝王对江山社稷的共同心愿是什么？

3．得贤人后就一定能得天下吗？请你运用你所知道的历史知识说说你的看法。

五、唐雎[1]说[2]信陵君

信陵君杀晋鄙，救邯郸[3]，破[4]秦人，存[5]赵国，赵王自郊迎[6]。唐雎谓信陵君曰："臣闻之曰：'事有不可知者，有不可不知者；有不可忘者，有不可不忘者。'"信陵君曰："何谓也？"对曰："人之憎[7]我也，不可不知也；吾憎人也，不可得而知也。人之有德[8]于我也，不可忘也；吾有德于人也，不可不忘也。今君杀晋鄙，救邯郸，破秦人，存赵国，此大德也。今赵王自郊迎，卒然[9]见赵王，愿君之忘之也。"信陵君曰："无忌谨[10]受[11]教。"

注 释

[1] 唐雎（jū）：人名。信陵君：魏无忌，魏安釐王的异母弟，战国时期著名的公子。魏安釐王二十年（公元前 257 年），秦国攻打赵国，兵围邯郸，魏安釐王派将军晋鄙率领十万兵救赵。可是，由于害怕秦国强大，到了赵国边境邺地，晋鄙就停止前进，犹豫不决，采取观望态度。信陵君用侯生的计谋，通过魏王宠妃如姬窃得兵符，击杀将军晋鄙，夺取兵权，救了赵国。后为上将军，曾联合赵、韩、齐、楚、燕五国击退秦将蒙骜的进攻，把秦兵抑制在函谷关，因而威震天下。
[2] 说（shuì）：劝说。
[3] 晋鄙：魏国的将军。邯郸：赵国都城，在今河北邯郸市。
[4] 破：打败。

[5] 存：使……存在。

[6] 赵王：赵孝成王，公元前265~前245年在位。郊迎：到郊外迎接，表示敬重。

[7] 憎：恨，厌恶。

[8] 德：恩德，恩惠。

[9] 卒（cī）然：作副词，意突然，通"猝"。

[10] 谨：谨慎，郑重。

[11] 受：接受。

解 读

我国战国时代，诸侯逐鹿，相与争锋，在政治、经济、军事、外交各个领域，都需要大批人才。此时，"士"便应运而生。"士"是一个特殊的知识分子阶层。他们或有较高的文化素养，或有高强的武艺，或在某一方面有出类拔萃的才干。各国统治者便招募这些人，收于门下，称为门客。门客在那个时期发挥着异乎寻常的作用，他们可以掌握政策、运用策略，掌管外交和军队。各国的贵族为了图谋功业，都大量收养门客。但门客中的某些人因为确有才干，所以他们也要辨识真正思贤若渴的明主才能投奔，这样又促使一些贵族具有礼贤下士之风，达到他们在政治、军事、外交上斗争胜利的目的。《唐雎说信陵君》讲的是信陵君杀了晋鄙，救下邯郸，打败了秦兵，保存了赵国。此刻，信陵君流露出自以为有功劳的神色。唐雎劝说信陵君不能采取这样的态度，要忘记自己的功劳。《唐雎说信陵君》通过唐雎向信陵君的进言，说明一个人做了好事切不可居功自傲，于人有恩德的事不应放在心上的主旨。

课后作业

1．解释下列句子中加点的词。

（1）破秦人，存赵国。

（2）事有不可知者。

（3）吾憎人也，不可得而知也。

2．用现代汉语翻译下面的句子。

今赵王自郊迎，卒然见赵王，愿君之忘之也。

3．解释下列句子中多义词"谓"的含义。

（1）唐雎谓信陵君曰。

（2）何谓也？

（3）太守谓谁？

4. 比较下面句子中"之"的用法与意义。
(1) 臣愿君之忘之也。
(2) 辍耕之垄上。
(3) 怅恨久之。
(4) 今吾以十倍之地,请广于君。
5. 读过本文后,你有什么感想和体会?

六、谏太宗十思疏(节选)

魏 征

臣闻求木之长者,必固其根本;欲流之远者,必浚[1]其泉源;思国之安者,必积其德义。源不深而望流之远,根不固而求木之长,德不厚而思国之安,臣虽下愚,知其不可,而况于明哲乎?人君当[2]神器之重,居域中[3]之大,不念居安思危,戒奢以俭[4],斯亦伐根以求木茂,塞源而欲流长也。

(延伸阅读《谏太宗十思疏》全文后两段)

注 释

[1] 浚:疏通,深挖。
[2] 当:主持,掌握。
[3] 域中:天地间。
[4] 戒奢以俭:用节俭来消除奢侈。以,用来。

解 读

《谏太宗十思疏》是唐朝著名的谏议大夫魏征,在贞观十一年(637年)上书唐太宗(李世民)的一篇奏疏;文章中,魏征紧扣"思国之安者,必积其德义"做了非常精辟的论述,主题在于提醒唐太宗要想使国家长治久安,必须努力积聚德义;具体提出了居安思危、戒奢以俭、虚心以纳下等十个治国需警醒的要点。

唐太宗登基后,开始一段是较有作为的,出现了历史上有名的"贞观之治"。因为他常以隋朝的暴政为戒,不敢过分使用民力。他曾说:"朕每临朝未尝不三思恐为民害。"

可是,到了贞观中期,生产有了较大发展,人民生活逐渐富裕起来,加上对外战争年年胜利,边防日益巩固,国威远扬,在一片文治武功的欢呼声中,他渐渐骄奢起来,忘记了"以民为本",特别是渐渐忘记了隋朝灭亡的历史教训,开始作威作福起来了。

就从贞观十一年这一年来看,他先下令修了飞仙宫,后来又诏令修建老君庙、宣尼庙；二月巡游洛阳宫，六月巡游明德宫，十月猎于洛阳苑，十一月又巡游怀州，狩于济源。老百姓为了服徭役，长年不能回家。为此有的大臣向他进谏，如监察御史马周就曾在上疏中指出"今所营为者，颇多不急之务"，百姓因"供官徭役，道路相继"，"春夏秋冬，略无息时"而"咸有怨言"。他却说："百姓无事则易骄，劳役则易使"。他不再像过去那样高兴地接受下级的意见了，他在生活上渐渐奢侈的同时，还有些崇尚空谈、不务实际。这点魏征是看得很清楚的。

贞观十一年，唐太宗像隋炀帝一样"行幸不息"起来。又如，对于选拔人才，唐太宗只在嘴上说了千百遍，可是没有像样的具体行动。魏征曾上疏说："国家思欲进忠良，退不肖，十有余载矣，徒闻其语，不见其人，何哉？盖言之是也，行之非也。"《谏太宗十思疏》就是其中著名的一篇。

七、春夜宴桃李园序

李 白

夫天地者，万物之逆旅也[1]；光阴者，百代之过客也。而浮生若梦[2]，为欢几何？古人秉烛夜游，良有以也[3]。况阳春召我以烟景，大块假我以文章[4]。会桃李之芳园，序天伦之乐事[5]。群季俊秀，皆为惠连[6]。吾人咏歌，独惭康乐[7]。幽赏未已，高谈转清。开琼筵以坐花，飞羽觞而醉月[8]。不有佳咏，何伸雅怀？如诗不成，罚依金谷酒数[9]。

注 释

[1] 逆旅：旅舍。逆：迎。古人以生为寄，以死为归，如《尸子》："老莱子曰：人生于天地之间，寄也；寄者固归也。"又如《古诗》："人生天地间，忽如远行客。"此用其意。

[2] 浮生若梦：《庄子·刻意》："其生若浮，其死若休。"又《庄子·齐物论》称庄周梦为蝴蝶："不知周之梦为胡蝶与，胡蝶之梦为周与？"意谓死生之辨，亦如梦觉之分，纷纭变化，不可究诘。此用其意。

[3] 秉：持，拿着。二句原出曹丕《与吴质书》："年一过往，何可攀援？古人思秉烛夜游，良有以也。"

[4] 大块：指大自然。假：借。文章：原指错杂的色彩、花纹。此指大自然中各种美好的形象、色彩、声音等。刘勰《文心雕龙·原道》指出，天上日月，地上山川，以及动物、植物等，均有文采，"形立则章成矣，声发则文生矣"。

[5] 序：同叙。天伦：天然的伦次，此指兄弟。

[6] 季：少子为季，此指弟弟。惠连：谢惠连，南朝宋文学家，幼而聪慧，十岁便能作文，深为族兄灵运所赏爱，常一同写作游玩。

[7] 康乐：谢灵运，南朝宋诗人，名将谢玄之孙，袭封康乐公，以写作山水诗著名。

[8] 琼筵：美好的筵席。琼，美玉。羽觞：酒器，形如雀鸟。

[9] 金谷酒数：晋石崇有金谷园，曾与友人宴饮其中，作《金谷诗序》云："遂各赋诗，以叙中怀。或不能者，罚酒三斗。"

解 读

李白曾与诸从弟聚会赋诗，本文即为之而作的序文。从弟即堂弟。但唐代风气喜联宗，凡同姓即结为兄弟叔侄等，所谓从弟，未必真有血缘关系。文中写了欣赏美景、高谈清论、饮酒作诗的情景。虽有"浮生若梦"等颓废之语，但主要抒发了热爱大自然、热爱生活的豪情逸兴。全文仅百余字，紧扣题目，句无虚设，而层次井然。以骈偶句式为主，铿锵动听，而又潇洒流动，无板滞之弊。

课后作业

1. 给下面加点的字注音。
(1) 秉烛夜游。
(2) 独惭康乐。
(3) 开琼筵以坐花。
(4) 何伸雅怀。

2. 仔细阅读原文，完成下面的选择题。
(1)《春夜宴桃李园序》一文的主旨是（   ）。
A. 序天伦之乐事　　　　B. 叹光阴流逝
C. 人生宜及时行乐　　　D. 记述李白和众兄弟在春夜聚会，饮酒赋诗之乐
(2) 对"吾人咏歌，独惭康乐"句中的"独惭康乐"理解正确的一项是（   ）。
A. 唯独羞惭谢朓　　　　B. 谢玄独独感到羞惭
C. 独有石崇羞惭　　　　D. 只有我不能和谢灵运相比而感到羞愧
(3) "飞羽觞而醉月"是说（   ）。
A. 频频举杯在皎洁的月光下喝醉
B. 在月光下喝醉，如在天上飞一般
C. 月光下有鸟儿飞翔，大家举杯畅饮

D．酒杯快速地传递着，大家在月光下陶醉了

(4)《春夜宴桃李园序》中四个"之"字的用法，理解正确的一项是（　　）。

A．各不相同　　　　　　　　B．一、二相同，三、四相同

C．一、四相同，二、三相同　　D．四个都相同

3．阅读下面四个句子，理解其中四个"以"字的用法，题中用"｜"把不同用法区分开，分类正确的一项是（　　）。

①古人秉烛夜游，良有以也！　　②阳春召我以烟景。

③大块假我以文章。　　④开琼筵以坐花。

A．①｜②③｜④　　　　　　B．①④｜②③

C．①｜②｜③｜④　　　　　　D．①②｜③④

八、报任安书（节选）

盖文王拘而演《周易》[1]；仲尼厄而作《春秋》[2]；屈原放逐，乃赋《离骚》[3]；左丘失明，厥有《国语》[4]；孙子膑脚，《兵法》修列[5]；不韦迁蜀，世传《吕览》[6]；韩非囚秦，《说难》《孤愤》[7]；《诗》三百篇[8]，大底圣贤发愤之所为作也。此人皆意有所郁结，不得通其道，故述往事、思来者。乃如左丘无目，孙子断足，终不可用，退而论书策，以舒其愤，思垂空文以自见。

注　释

[1] 文王拘而演《周易》：传说周文王被殷纣王拘禁在羑里时，把古代的八卦推演为六十四卦，成为《周易》的骨干。

[2] 仲尼厄而作春秋：孔丘字仲尼，周游列国宣传儒道，在陈地和蔡地受到围攻和绝粮之苦，返回鲁国作《春秋》一书。

[3] 屈原：曾两次被楚王放逐，幽愤而作《离骚》。

[4] 左丘：春秋时鲁国史官左丘明。《国语》：史书，相传为左丘明撰著。

[5] 孙子：春秋战国时著名军事家孙膑。膑脚：孙膑曾与庞涓一起从鬼谷子习兵法。后庞涓为魏惠王将军，骗膑入魏，割去了他的膑骨（膝盖骨）。孙膑有《孙膑兵法》传世。

[6] 不韦：吕不韦，战国末年大商人，秦初为相国。曾命门客著《吕氏春秋》（一名《吕览》）。秦始皇十年，令吕不韦举家迁蜀，吕不韦自杀。

[7] 韩非：战国后期韩国公子，曾从荀卿学，入秦被李斯所谗，下狱死。韩非著有《韩非子》，《说难》《孤愤》是其中的两篇。

[8]《诗》三百篇：今本《诗经》共有三百零五篇，此举其整数。

解读

本篇是节选,原篇是司马迁写给友人任安的一封回信。任安,字少卿,曾任益州刺史、北军使者护军等职。司马迁因李陵之祸被处以宫刑,出狱后任中书令,表面上是皇帝近臣,实则相似宦官,为士大夫所轻贱。任安此前曾写信给他,希望他能"推贤进士"。司马迁由于自己的遭遇和处境,感到很为难,一直未能复信。后任安因罪下狱,被判死刑,司马迁才给他写了这封回信。关于此信的写作年代,一说是在汉武帝征和二年(公元前91年),另一说是在汉武帝太始四年(公元前93年)。

司马迁在此信中以无比激愤的心情,向朋友,也是向世人诉说了自己因李陵之祸所受的奇耻大辱,倾吐了内心郁积已久的痛苦与愤懑,大胆揭露了朝廷大臣的自私,甚至还不加掩饰地流露了对汉武帝是非不辨、刻薄寡恩的不满。信中还委婉述说了他受刑后"隐忍苟活"的一片苦衷。为了完成《史记》的著述,司马迁所忍受的屈辱和耻笑绝非常人所能想象。但他有非常坚定的信念,死要死得有价值,要"重于泰山"。所以,他不完成《史记》的写作,绝不能轻易去死,即使一时被人误解也在所不惜。就是这样的信念,支持他在"肠一日而九回"的痛苦挣扎中顽强地活了下来,忍辱负重,坚忍不拔,终于实现了他的夙愿,完成了他的大业。今天我们读着这部不朽的巨著,遥想司马迁当年写作时的艰辛与坚毅,怎能不对他的崇高精神无比敬佩呢?

本篇不仅对我们研究司马迁的思想及《史记》的写作动机和完成过程有极其重要的价值,而且在文学史上也是不可多得的散文杰作,古人早就把它视为天下奇文,可与《离骚》媲美。此文之奇,首先表现为气势的磅礴。作者长久郁积心中的悲愤,借此文喷薄而出,有如长江大河,一泻千里,其气势之壮阔,令人惊叹。此文之奇,更在于它的纵横开阖、波澜起伏。作者是坦率的,但内心的矛盾与痛苦又是极其复杂的,他无意矫饰,但三言两语又无法说清,所以他就一一如实道来,时而慷慨激昂,时而如泣如诉;时而旁征博引,时而欲言又止。曲折反复,一波三折,充分表现出笔力的雄健。此外,行文的流畅,语言的生动,骈句、散句自然错落,排句、叠句时有穿插,使本篇在散文形式上也有独具一格的艺术魅力。

九、古诗词八首

台山杂咏

元好问

西北天低五顶高[1],茫茫松海露灵鳌[2]。

太行直上犹千里,井底残山[3]枉呼号。
万壑千岩位置雄,偶从天巧[4]见神功[5]。
湍溪[6]已作风雷恶[7],更在云山气象中。
山云吞吐翠微[8]中,淡绿深青一万重。
此景只应天上有,岂知身在妙高峰[9]?

注 释

[1] 这句说站在五台山向北望去,天显得很低,而五台山的五个山顶却显得更高了。
[2] 灵鳌:神龟。古代神话传说,渤海之东有大壑,下深无底,中有五仙山(瀛洲、蓬莱、方丈、员峤、岱舆),常随波漂流颠簸。上帝使十五巨鳌举头顶之,五山遂屹立不动。此句形容松涛海浪,山顶如鳌头,以五仙山喻五台。
[3] 井底残山:指诸山与五台相比,如在井底。
[4] 天巧:指天然形成的五台岩壑景象。
[5] 神功:鬼斧神工,非人力所能及。
[6] 湍溪:急流的河溪。
[7] 风雷恶:形容水流声巨响如雷。
[8] 翠微:青翠的山峦。此句说云雾在青翠的山峦间飘荡出没。
[9] 妙高峰:佛教传说中的最高峰,这里代指五台山。

摸鱼儿[1]·雁丘辞

元好问

【序】泰和五年乙丑岁,赴试并州,道逢捕雁者云:"今日获一雁,杀之矣。其脱网者悲鸣不能去,竟自投于地而死。"予因买得之,葬之汾水之上,累石为识,号曰"雁丘"。时同行者多为赋诗,予亦有《雁丘词》。旧所作无宫商,今改定之。

问世间[2],情为何物?直教生死相许[3]?天南地北双飞客,老翅几回寒暑[4]。欢乐趣,离别苦,就中更有痴儿女[5]。君[6]应有语,渺万里层云,千山暮雪,只影[7]向谁去?
横汾路[8],寂寞当年箫鼓[9],荒烟依旧平楚[10]。招魂楚些何嗟及,山鬼[11]暗啼风雨。天也妒,未信与,莺儿燕子俱黄土。千秋万古,为留待骚人[12],狂歌痛饮,来访雁丘处。

注 释

[1] 又称"迈陂塘"。

[2] 问世间：又作恨人间。

[3] 生死相许：立下誓言，生死相从。

[4] 几回寒暑：多少年。指大雁已双飞多年。

[5] 痴儿女：痴情男女。

[6] 君：指殉情的大雁。

[7] 只影：孤单的身影。

[8] 横汾路：横渡汾水的路上，指葬雁处。汾：汾水。

[9] 箫鼓：汉武帝《秋辞》有"箫鼓鸣兮发棹歌，欢乐极兮哀情多"。

[10] 平楚：平林，平原上的树林。

[11] 山鬼：指山中之神，化用《楚辞·九歌·山鬼》中"香冥冥兮羌昼晦，东风飘兮神灵雨"句。

[12] 骚人：诗人。

鹊桥仙·纤云弄巧

秦观

纤云弄巧[1]，飞星[2]传恨，银汉迢迢[3]暗度[4]。金风玉露[5]一相逢，便胜却人间无数。柔情似水，佳期如梦，忍顾[6]鹊桥归路。两情若是久长时，又岂在朝朝暮暮[7]。

注 释

[1] 纤云：轻盈的云彩。弄巧：指云彩在空中幻化成各种巧妙的花样。

[2] 飞星：流星。一说指牵牛、织女二星。

[3] 银汉：银河。迢迢：遥远的样子。

[4] 暗度：悄悄渡过。"度"通"渡"。

[5] 金风玉露：指秋风白露。李商隐《辛未七夕》："由来碧落银河畔，可要金风玉露时。"

[6] 忍顾：怎忍回视。

[7] 朝朝暮暮：指朝夕相聚。语出宋玉《高唐赋》。

新婚别

杜甫

兔丝[1]附蓬麻[2],引蔓故不长。
嫁女与征夫,不如弃路旁。
结发[3]为妻子,席不暖君床。
暮婚晨告别,无乃太匆忙。
君行虽不远,守边赴河阳。
妾身未分明[4],何以拜姑嫜[5]。
父母养我时,日夜令我藏[6]。
生女有所归[7],鸡狗亦得将[8]。
君今往死地,沈痛迫中肠。
誓欲随君去,形势反苍黄[9]。
勿为新婚念,努力事戎行[10]。
妇人在军中,兵气恐不扬。
自嗟贫家女,久致[11]罗襦[12]裳。
罗襦不复施[13],对君洗红妆[14]。
仰视百鸟飞,大小必双翔。
人事多错迕[15],与君永相望。

注 释

[1] 兔丝:蔓状菌类,多依附于别的植物生长。
[2] 蓬麻:均为小植物。
[3] 结发:犹"束发",指年轻的时期。俗称元配为"结发"。
[4] 未分明:古代女子嫁进门,三日内告了祖庙、祭了祖坟、拜了公婆,才算正名定分。
[5] 姑嫜:婆婆与公公。
[6] 藏:古代未出嫁的女子幽居闺房,不与外人相见,故云。
[7] 归:归宿,着落。
[8] 鸡狗亦得将:犹言"嫁鸡随鸡,嫁狗随狗。"将,跟随。
[9] 苍黄:同"仓皇",紧张,匆忙。
[10] 事戎行:谓参军作战。戎行,军队。
[11] 致:置办。

[12] 襦：短袄，短上衣，指嫁衣裳。
[13] 施：穿用。
[14] 洗红妆：指不再梳妆打扮。
[15] 错迕：本意为错综复杂。此处引申为不如意。

滕王阁[1]诗

王勃

滕王高阁临江[2]渚，佩玉鸣鸾[3]罢歌舞。
画栋朝飞南浦[4]云，珠帘暮卷西山[5]雨。
闲云潭影日悠悠[6]，物换星移[7]几度秋。
阁中帝子[8]今何在？槛[9]外长江空自流。

注　释

[1] 滕王阁：故址在今江西南昌赣江滨，江南三大名楼之一。
[2] 江：指赣江。渚：江中小洲。
[3] 佩玉鸣鸾：身上佩戴的玉饰、响铃。
[4] 南浦：地名，在南昌市西南。浦：水边或河流入海的地方（多用于地名）。
[5] 西山：南昌名胜，一名南昌山、厌原山、洪崖山。
[6] 日悠悠：每日无拘无束地游荡。
[7] 物换星移：形容时代的变迁、万物的更替。物：四季的景物。
[8] 帝子：指滕王李元婴。
[9] 槛：栏杆。

满江红·写怀

岳飞

怒发冲冠[1]，凭栏处、潇潇[2]雨歇。抬望眼，仰天长啸[3]，壮怀激烈。三十功名尘与土[4]，八千里路云和月[5]。莫等闲[6]，白了少年头，空悲切！
靖康耻[7]，犹未雪。臣子恨，何时灭！驾长车，踏破贺兰山[8]缺。壮志饥餐胡虏肉，笑谈渴饮匈奴血。待从头、收拾旧山河，朝天阙[9]。

注　释

[1] 怒发冲冠：气得头发竖起，以至于将帽子顶起，形容愤怒至极。冠是指帽子，而不是头发竖起。

[2] 潇潇：形容雨势急骤。

[3] 长啸：感情激动时撮口发出清而长的声音，为古人的一种抒情举动。

[4] 三十功名尘与土：年已三十，建立了一些功名，不过很微不足道。

[5] 八千里路云和月：形容南征北战、路途遥远、披星戴月。

[6] 等闲：轻易，随便。

[7] 靖康耻：宋钦宗靖康二年（1127 年），金兵攻陷汴京，虏走徽、钦二帝。

[8] 贺兰山：贺兰山脉位于宁夏回族自治区与内蒙古自治区交界处。

[9] 朝天阙：朝见皇帝。天阙：本指宫殿前的楼观，此指皇帝生活的地方。

蝶恋花[1]·春景

苏轼

花褪残红青杏小[2]。燕子飞[3]时，绿水人家绕[4]。枝上柳绵[5]吹又少，天涯何处无芳草[6]。

墙里秋千墙外道。墙外行人，墙里佳人笑。笑渐不闻声渐悄[7]，多情[8]却被[9]无情[10]恼。

注　释

[1] 蝶恋花：词牌名，又名"凤栖梧""鹊踏枝"等。双调，六十字，上下片各四仄韵。

[2] 花褪残红青杏小：指杏花刚刚凋谢，青色的小杏正在成形。褪：萎谢。小：毛本作"子"。

[3] 飞：一作"来"。

[4] 绕：一作"晓"。

[5] 柳绵：即柳絮。韩偓《寒食日重游李氏园亭有怀》："往年同在莺桥上，见依朱阑咏柳绵。"

[6] 天涯何处无芳草：指春暖大地，处处长满了美美芳草。《离骚》："何所独无芳草兮，尔何怀乎故宇？"

[7] 渐悄：渐渐没有声音。

[8] 多情：指旅途行人过分多情。
[9] 却被：反被。唐代胡曾《汉宫》："何事将军封万户，却令红粉为和戎。"
[10] 无情：指墙内荡秋千的佳人毫无觉察。

十、乡　愁

席慕蓉

故乡的歌是一支清远的笛
总在有月亮的晚上响起

故乡的面貌却是一种模糊的怅望
仿佛雾里的挥手别离

离别后
乡愁是一棵没有年轮的树
永不老去

解　读

　　"故乡的歌是一支清远的笛/总在有月亮的晚上响起……"席慕蓉的《乡愁》一诗，虽只教了一回，但我想，自己恐怕是再也忘不了了。我很为此而庆幸。是的，没有人会这样用比喻，也没有人用这样的比喻：故乡是一首歌，还是故乡这首歌像清脆而渺远的笛声，抑或是两者兼而有之？然后情不自禁地，那自渺远而切近，由模糊到清脆，载着连同那清辉撒满大地的月亮，一齐朝自己的心海划来……"故乡的面貌却是一种模糊的怅惘/仿佛雾里的挥手别离"你听到过这样的比喻吗？请你还是细细品一品吧，你就会发觉，这"模糊的怅惘"竟是如此传神，又是如此贴切，将许多年以前故乡的样子在自己脑中的印象轻轻唤出：她模糊而又真切，真切却又无法一一道出。无法一一道出，便在心灵深处生出一丝惆怅、一阵迷茫，正如那秋日早晨山间的浓浓雾气笼罩，亲人，虽在向将要远行的自己挥手，然而，在不断为泪水充溢而变得迷蒙的双眼里，如何又能清晰地去抛下亲人也是自己依依难舍的那份衷肠，那声声祝愿？也许，没有人在认真品读之后不为这连环扣般的精妙比喻喝彩。不仅如此，诗人心中对故乡的思念已成为"一棵没有年轮的树，永不老去"。这不老的思念，又唤起了多少漂泊他乡的人们浓浓的情思、绵绵的期待！元人马致远的《天净沙·秋思》有"夕阳西下/断肠人在天涯"之句，用的是直抒胸臆笔法，其感受在诗人席慕蓉笔下，竟化作了如此含蓄、如此隽永的诗行！……于是，童年的欢笑，小伙伴的追逐，其间忘情的嬉戏……多年前故乡留给自己的一幕幕画面，竟变得如此亲切，那割舍不断的情丝又一缕一缕重新连接……

我不知道，台湾诗人席慕蓉作《乡愁》时，内心有没有涌起似那般波澜阵阵。于我，却宁可相信诗人当时的心境已如前面所述。多少次，工作疲累至极，耳边会有一支清远的笛声悄悄地自远而近，伴随着我进入美丽的梦乡；又有多少次，早早醒来，只因这嘹亮的笛声进入我再难入睡的耳鼓，让我童心陡起。我沉浸于诗歌创造的浓烈而又淡淡的思乡氛围之中，心灵变得如此纯净，却又如此激越。我一遍一遍地从心底叩问，为什么，为什么如此短短一首小诗，竟可以让我如此为之神迷？让我如此失神，如此陶醉？

我知道，我对故乡的思念，跟许许多多的人们并无二致，对这首诗歌的喜爱，却远远超越了"乡愁"二字。是的，如果单从家国之思的角度，同是台湾诗人，而且是著名大诗人的余光中的同名诗作，无疑更具有精神上的穿透力。把乡愁演绎成一枚小小的邮票，一张窄窄的船票，既而是一方矮矮的坟墓，最后扩大成为一湾浅浅的海峡，跃然纸上的游子之思，那通俗的比喻，浅显的道理，浓浓的感情，即使平时号称铁石心肠的坚强汉子，多次高唱"男人有泪不轻弹"之歌的英雄，在人们看来多半已成了政治动物的"伟人"，只要他能安静坐下来，只用几分钟的时间，一字一句去品一品，无疑也会受到某种程度的感染，精神和灵魂也会受到一点触动，从而产生哪怕只是昙花一现般的思乡之情，唤起埋藏内心深处的故乡情结。

然而，我却无法不更喜欢自然而飘逸的席慕蓉的《乡愁》。在我看来，席慕蓉是真诚的、纯净的，她对故乡的感情是发自内心的，也是至真至纯的，像一片洁白的羽毛，亦如一眼可以望到底的泉水。那毫无矫揉造作的情愫，无疑是徐徐吹来的缕缕清风，亦是长途跋涉后的浅香飘飞的一杯龙井，直让人无法拒绝，不顾一切去尽情消受。

真的，在这又一个早起的黎明，我知道，即使说再多的话，都挡不住我再次拿起这《乡愁》，去细细吟诵。

（赏析内容来自网络，作者佚名）

十一、你是人间的四月天
——一句爱的赞颂

林徽因

我说你是人间的四月天；
笑音点亮了四面风；

轻灵在春的光艳中交舞着变。

你是四月早天里的云烟，
黄昏吹着风的软，
星子在无意中闪，
细雨点洒在花前。

那轻，那娉婷，你是，
鲜妍百花的冠冕你戴着，
你是天真，庄严，你是夜夜的月圆。

雪化后那片鹅黄，你像；
新鲜初放芽的绿，你是；
柔嫩，喜悦，
水光浮动着你梦中期待的白莲。

你是一树一树的花开，
是燕在梁间呢喃，
 ——你是爱，是暖，是希望，
你是人间的四月天！

解 读

　　这首诗的魅力和优秀并不仅仅在于意境的优美和内容的纯净，还在于形式的纯熟和语言的华美。

　　诗中采用重重叠叠的比喻，意象美丽而丝毫无雕饰之嫌，反而愈加衬出诗中优美的意境和纯净的内容——在华美的修饰中更见清新自然的感情流露。

　　诗歌采用新月诗派的诗美原则，即讲求格律的和谐、语言的雕塑美和音律的乐感。这首诗可以说是这一原则的完美体现，词语的跳跃和韵律的和谐几乎达到了极致。

　　有学文学的朋友谈到林徽因的诗，说她的诗如其人，就像四月天刚刚萌发的春意，既不华丽，也不冷峻，但却温柔，却绵软，读来如微风拂面，让人从身体到心灵感受到一种愉悦的震颤！

　　这首诗是林徽因写给自己的长子梁从诫的，用来表达她对孩子的无比喜爱之情，以及从儿子身上看到的生命的希望和活力。

读这首《你是人间四月天》，很容易以为是林徽因写给诗人徐志摩的情诗。林和徐的确是有过许多美丽故事的一对。但从经历、传记中看林徽因，其实还是一个很理性的人：她在浪漫云游的诗人和脚踏实地的建筑学家之间，选择了后者。多年以后，林对儿子说："徐志摩当时爱的并不是真正的我，而是他用诗人的浪漫情绪想象出来的林徽因，可我并不是他心目中所想的那一个。"——其实她对徐的感情是看得很清楚的，就是投影在波心的一片云而已。

十二、教我如何不想她

刘半农

天上飘着些微云，
地上吹着些微风。
啊！
微风吹动了我的头发，
教我如何不想她？

月光恋爱着海洋，
海洋恋爱着月光。
啊！
这般蜜也似的银夜，
教我如何不想她？

水面落花慢慢流，
水底鱼儿慢慢游。
啊！
燕子你说些什么话？
教我如何不想她？

枯树在冷风里摇，
野火在暮色中烧。
啊！
西天还有些儿残霞，

教我如何不想她？

解 读

《教我如何不想她》这首诗在形式上的整饬，一望而知。全诗四节，每节五句：前两句都是七字，大体都是三个音步，并用韵（除第一节），如第四节的"枯树/在冷风里/摇""野火/在暮色里/烧"；中间的第三句都用单独一个"啊"字，这在某种意义上有时代的烙印，新诗初期，抒情手段还比较单一，诗人往往用感叹词直抒胸臆；第四句都是八个字，大体上音步仍然是三个，第三和第四句的短长之变，则在整节诗中造成了节奏的大幅度改变；第五句每节相同，都是"教我如何不想她"七字，造成一唱三叹之感，同时第五句还和第四句押韵（除第二节外）。因此，这首诗可以看作是广义的格律诗，即在一首之内形成固定格律，但不追求每首诗都相同，因此又保持了新诗的自由。

刘半农在"她"字从文字学角度正式提出之前，已经在《教我如何不想她》这首诗中大胆地使用这个字了。这首诗是诗人1920年留学期间在伦敦写的。诗中的"她"是首次使用，而关于"她"字的文字学诉求则是1923年才正式提出来的。诗中的"她"有人说是指一位女性，有人说是指祖国（英语中的"motherland"一词是阴性）。不管如何，是诗人的一种深挚的感情，启发他为祖国的文字贡献了一个重要的人称代词，使得那些即使是在"此时此刻"的现实中处于宾位的中国女性，获得了在语言形式上的明确的主体地位。从诗歌的角度看，《教我如何不想她》毫无疑问是一首优秀之作。而从语言和文化的角度看，其意义似乎更加重要。一个"她"字，使一首诗永垂不朽。

《教我如何不想她》这首诗用了歌词的形式，融进了民歌风，同时又是不折不扣的现代白话诗，可谓三种风格、三种审美因素的完美统一。而刘半农是最早（1918年初）呼吁对中国丰富的民歌资源进行搜集、整理和保存的人。他身体力行，并且进行了长期的调查和整理工作，贡献极大。而民歌对刘本人的诗歌创作的影响可以从这首诗里看出。

诗歌意境：天空明净，大地宽阔。云儿在天空中飘着，微风轻吹，吹乱了诗人的头发，也唤起了诗人心中思念故土和亲人的感情，接着诗人一声感叹："教我如何不想她？"反问加强了那感情和思念的程度。在夜里，银色的月光照在宽阔的海面上。在这"蜜也似的银夜"，诗人却不能和恋人相伴，不能和心中的恋人在一起。这月光和海洋契合无间、依傍难分的情景在诗人的心中激起了怎样的感情呀？"教我如何不想她"？ 水上落花，水底游鱼，燕子飞舞。这花因为燕子可有着"落花有意，流水无情"的担心？这游鱼因为燕子的出现可有着被水抛弃的担心？也许，燕子送来了家乡的信息，让诗人的心里有着更深的触动，更深的思念，"教我如何不想她"？ 枯树在冷风中摇动，残霞映红了半边天，如野火在烧。这冷的风和天边的残霞形成了强烈的对比，更加衬出了诗人远离故国的失落和热切的思念之情。思念之余，诗人看到的还是一片冷冷的暮色——残霞。这是一种强烈的反差，在诗人最冷的心灵感受中，暗藏着对祖国深深的爱。

十三、赤兔之死

蒋昕捷

建安二十六年，公元221年，关羽走麦城，兵败遭擒，拒降，为孙权所害。其坐骑赤兔马为孙权赐予马忠。

一日，马忠上表：赤兔马绝食数日，不久将亡。孙权大惊，急访江东名士伯喜。此人乃伯乐之后，人言其精通马语。

马忠引伯喜回府，至槽间，但见赤兔马伏于地，哀嘶不止。众人不解，惟伯喜知之。伯喜遣散诸人，抚其背叹道："昔日曹操做《龟虽寿》，'老骥伏枥，志在千里。烈士暮年，壮心不已'，吾深知君念关将军之恩，欲从之于地下。然当日吕奉先白门楼殒命，亦未见君如此相依，为何今日这等轻生，岂不负君千里之志哉？"

赤兔马哀嘶一声，叹道："予尝闻，'鸟之将死，其鸣也哀；人之将死，其言也善。'今幸遇先生，吾可将肺腑之言相告。吾生于西凉，后为董卓所获，此人飞扬跋扈，杀少帝，卧龙床，实为汉贼，吾深恨之。"

伯喜点头，曰："后闻李儒献计，将君赠予吕布，吕布乃天下第一勇将，众皆言，'人中吕布，马中赤兔'。想来当不负君之志也。"

赤兔马叹曰："公言差矣。吕布此人最是无信，为荣华而杀丁原，为美色而刺董卓，投刘备而夺其徐州，结袁术而斩其婚使。'人无信不立'，与此等无诚信之人齐名，实为吾平生之大耻！后吾归于曹操，其手下虽猛将如云，却无人可称英雄。吾恐今生只辱于奴隶人之手，骈死于槽枥之间。后曹操将吾赠予关将军；吾曾于虎牢关前见其武勇，白门楼上见其恩义，仰慕已久。关将军见吾亦大喜，拜谢曹操。操问何故如此，关将军答曰：'吾知此马日行千里，今幸得之，他日若知兄长下落，可一日而得见矣。'其人诚信如此。常言道：'鸟随鸾凤飞腾远，人伴贤良品质高。'吾敢不以死相报乎？"

伯喜闻之，叹曰："人皆言关将军乃诚信之士，今日所闻，果真如此。"

赤兔马泣曰："吾尝慕不食周粟之伯夷、叔齐之高义。玉可碎而不可损其白，竹可破而不可毁其节。士为知己而死，人因诚信而存，吾安肯食吴粟而苟活于世间？"言罢，伏地而亡。

伯喜放声痛哭，曰："物犹如此，人何以堪？"后奏于孙权。权闻之亦泣："吾不知云长诚信如此，今此忠义之士为吾所害，吾有何面目见天下苍生？"

后孙权传旨，将关羽父子并赤兔马厚葬。

解 读

2001年作文是根据提供的一段故事，要考生对"诚信"作出评价，而江苏考生蒋昕捷的作文题目是"赤兔之死"，作者以熟谙的三国故事为基础，编撰了赤兔马为诚信而殉身的感人故事，凸显了"真英雄必讲诚信"的主题，并抒写了人生当择善而从、唯诚信是瞻的志向，使文章主题立意更上一层楼。更难能可贵的是，作者通篇遣用纯熟的古白话，明白晓畅，文采飞扬，老到的语言功夫使众多考生无法望其项背，也令阅卷老师赞叹不已，一致打出了满分。

十四、为奴隶的母亲

柔 石

她底丈夫是一个皮贩，就是收集乡间各猎户底兽皮和牛皮，贩到大埠上出卖的人。但有时也兼做点农作，芒种的时节，便帮人家插秧，他能将每行插得非常直，假如有五人同在一个水田内，他们一定叫他站在第一个做标准，然而境况是不佳，债是年年积起来了。他大约就因为境况的不佳，烟也吸了，酒也喝了，钱也赌起来了。这样，竟使他变做一个非常凶狠而暴躁的男子，但也就更贫穷下去。连小小的移借，别人也不敢答应了。

在这以后，他全身便变成枯黄色，脸孔黄的和小铜鼓一样，连眼白也黄了。别人说他是黄疸病，孩子们也就叫他"黄胖"了。有一天，他向他底妻说：

"再也没有办法了。这样下去，连小锅也都卖去了。我想，还是从你底身上设法罢。你跟着我挨饿，有什么办法呢？"

"我底身上？……"

他底妻坐在灶后，怀里抱着她刚满五周的男小孩——孩子还在啜着奶，她讷讷地低声地问。

"你，是呀，"她底丈夫病后的无力的声音，"我已经将你出典了……"

"什么呀？"她底妻子几乎昏去似的。

屋内是稍稍静寂了一息。他气喘着说：

"三天前，王狼来坐讨了半天的债回去以后，我也跟着他去，走到九亩潭边，我很不想要做人了。但是坐在那株爬上去一纵身就可落在潭里的树下，想来想去，总没有力气跳了。猎头鹰在耳朵边不住地唳，我底心被它叫寒起来，我只得回转身，但在路上，遇见了沈家婆，她问我，晚也晚了，在外做什么。我就告诉她，请她代我借一笔款，或向什么人家的小姐借些衣服或首饰去暂时当一当，免得王狼底狼一般得绿眼睛天天在家里闪烁。可是沈家婆向我笑道：

"'你还将妻养在家里做什么呢？你自己黄也黄到这个地步了。'"

"我低着头站在她面前没有答，她又说：

"'儿子呢，你只有一个，舍不得。但妻——'"

"我当时想：'莫非叫我卖去妻子么？'"

而她继续道：

"'但妻——虽然是结发的，穷了，也没有法。还养在家里做什么呢？'"

"这样，她就直说出：'有一个秀才，因为没有儿子，年纪已五十岁了，想买一个妾；又因他底大妻不允许，只准他典一个，典三年或五年，叫我物色相当的女人：年纪约三十岁左右，养过两三个儿子的，人要沉默老实，又肯做事，还要对他底大妻肯低眉下首。这次是秀才娘子向我说的，假如条件合，肯出八十元或一百元的身价。我代她寻好几天，总没有相当的女人。'她说：'现在碰到我，想起了你来，样样都对的。'当时问我底意见怎样，我一边掉了几滴泪，一边却被她催得答应她了。"

说到这里，他垂下头，声音很低弱，停止了。他底妻简直痴似的，话一句没有。又静寂了一息，他继续说：

"昨天，沈家婆到过秀才底家里，她说秀才很高兴，秀才娘子也喜欢，钱是一百元，年数呢，假如三年养不出儿子，是五年。沈家婆并将日子也拣定了——本月十八，五天后。今天，她写典契去了。"

这时，他底妻简直连腑脏都颠抖，吞吐着问：

"你为什么早不对我说？"

"昨天在你底面前旋了三个圈子，可是对你说不出。不过我仔细想，除出将你底身子设法外，再也没有办法了。"

"决定了么？"妇人战着牙齿问。

"只待典契写好。"

"倒霉的事情呀，我！——一点也没有别的方法了么？春宝底爸呀！"

春宝是她怀里的孩子底名字。

"倒霉，我也想到过，可是穷了，我们又不肯死，有什么办法？今年，我怕连插秧也不能插了。"

"你也想到过春宝么？春宝还只有五岁，没有娘，他怎么好呢？"

"我领他便了，本来是断了奶的孩子。"

他似乎渐渐发怒了。也就走出门外去了。她，却呜呜咽咽地哭起来。

这时，在她过去的回忆里，却想起恰恰一年前的事：那时她生下了一个女儿，她简直如死去一般地卧在床上。死还是整个的，她却肢体分作四碎与五裂。刚落地的女婴，在地上的干草堆上叫:"呱呀,呱呀,"声音很重的,手脚揪缩。脐带绕在她底身上,胎盘落在一边,她很想挣扎起来给她洗好,可是她低头昂起来,身子凝滞在床上。这样,她看见她底丈夫,这个凶狠的男子,红着脸,提了一桶沸水到女婴的旁边。她简单用了她一生最后的力向他喊:"慢!慢……"但这个病前极凶狠的男子,没有一分钟商量的余地,也不答半句话,就将"呱呀,呱呀,"声音很重地在叫着的女儿,刚出世的新生命,用他粗暴的两手捧起来,如屠户捧将杀的小羊一般,扑通,投在沸水里了!除沸水的溅声和皮肉吸收沸水的嘶声以外,女孩一声也不喊——她疑问地想,为什么也不重重地哭一声呢?竟这样不响地愿意冤枉死去么?啊!——她转念,那是因为她自己当时昏过去的缘故,她当时剜去了心一般地昏去了。

想到这里,似乎泪竟干涸了。"唉!苦命呀!"她低低地叹息了一声。这时春宝拔去了奶头,向他母亲的脸上看,一边叫:

"妈妈!妈妈!"

在她将离别底前一晚,她拣了房子底最黑暗处坐着。一盏油灯点在灶前,萤火那么的光亮。她,手里抱着春宝,将她底头贴在他底头发上。她底思想似乎浮漂在极远,可是她自捉摸不定远在哪里。于是慢慢地跑过来,跑到眼前,跑到她孩子身上。

她向她底孩子低声叫:

"春宝,宝宝!"

"妈妈,"孩子含着奶头答。

"妈妈明天要去了……"

"唔,"孩子似不十分懂得,本能地将头钻进他母亲底胸膛。

"妈妈不回来了,三年内不能回来了!"

她擦一擦眼睛,孩子放松口子问:

"妈妈哪里去呢?庙里么?"

"不是,三十里路外,一家姓李的。"

"我也去。"

"宝宝去不得的。"

"呃!"孩子反抗地,又吸着并不多的奶。

"你跟爸爸在家里,爸爸会照料宝宝的:同宝宝睡,也带宝宝玩,你听爸爸底话好了。过三年……"

她没有说完,孩子要哭似地说:

"爸爸要打我的!"

"爸爸不再打你了,"同时用她底左手抚摸着孩子底右额,在这上,有他父亲在杀死他刚生下的妹妹后第三天,用锄柄敲他,肿起而又平复了的伤痕。

她似要还想对孩子说话，她底丈夫踏进门了。他走到她底面前，一只手放在袋里，掏取着什么，一边说：

"钱已经拿来七十元了。还有三十元要等你到了十天后付。"

停了一息说："也答应轿子来接。"

又停了一息说："也答应轿夫一早吃好早饭来。"

这样，他离开了她，又向门外走出去了。

这一晚，她和她底丈夫都没有吃晚饭。

第二天，春雨竟滴滴淅淅地落着。

轿是一早就到了。可是这妇人，她却一夜不曾睡。她先将春宝底几件破衣服都修补好；春将完了，夏将到了，可是她，连孩子冬天用的破烂棉袄都拿出来，移交给他底父亲——实在，他已经在床上睡去了。以后，她坐在他底旁边，想对他说几句话，可是长夜是迟延着过去，她一句话也说不出。而且，她大着胆向他叫了几声，发了几个听不清楚的声音，声音在他底耳外，她也就睡下不说了。

等她朦朦胧胧地刚离开思索将要睡去，春宝醒了，他就推叫他底母亲，要起来。以后当她给他穿衣服的时候。向他说："宝宝好好地在家里，不要哭，免得你爸爸打你。以后妈妈常买糖果来，买给宝宝吃，宝宝不要哭。"

而小孩子竟不知道悲哀是什么一回事，张大口子"唉，唉，"地唱起来了。她在他底唇边吻了一吻，又说：

"不要唱，你爸爸被你唱醒了。"

轿夫坐在门首的板凳上，抽着旱烟，说着他们自己要听的话。一息，邻村的沈家婆也赶到了。一个老妇人，熟悉世故的媒婆，一进门，就拍拍她身上的雨点，向他们说：

"下雨了，下雨了，这是你们家里此后会有滋长的预兆。"

老妇人忙碌似地在屋内旋了几个圈，对孩子底父亲说了几句话，意思是讨酬报。因为这件契约之能订的如此顺利而合算，实在是她底力量。

"说实在话，春宝底爸呀，再加五十元，那老头子可以买一房妾了。"她说。

于是又转向催促她——妇人却抱着春宝，这时坐着不动。老妇人声音很高地：

"轿夫要赶到他们家里吃中饭的，你快些预备走呀！"

可是妇人向她瞧了一瞧，似乎说：

"我实在不愿离开呢！让我饿死在这里罢！"

声音是在她底喉下，可是媒婆懂得了，走近到她前面，迷迷地向她笑说：

"你真是一个不懂事的丫头，黄胖还有什么东西给你呢？那边真是一份有吃有剩的人家，两百多亩田，经济很宽裕，房子是自己底，也雇着长工养着牛。大娘底性子是极好的，对人非常客气，每次看见人总给人一些吃的东西。那老头子——实在并不老，脸是很白白的,也没有留胡子,因为读了书,背有些偻偻的,斯文的模样。可是也不必多说,你一走下轿就看见的,我是一个从不说谎的媒婆。"

妇人拭一拭泪,极轻地:

"春宝……我怎么抛开他呢!"

"不用想到春宝了。"老妇人一手放在她底肩上,脸凑近她和春宝。"有五岁了,古人说:'三周四岁离娘身,'可以离开你了。只要你肚子争气些,到那边,也养下一二个来,万事都好了。"

轿夫也在门首催起身了,他们噜苏着说:

"又不是新娘子,啼啼哭哭的。"

这样,老妇人将春宝从她底怀里拉去,一边说:

"春宝让我带去罢。"

小小的孩子也哭了,手脚乱舞的,可是老妇人终于给他拉到小门外去。当妇人走进轿门的时候,向他们说:

"带进屋里来罢,外边有雨呢。"

她底丈夫用手支着头坐着,一动没有动,而且也没有话。

两村的相隔有三十里路,可是轿夫的第二次将轿子放下肩,就到了。春天的细雨,从轿子底布蓬里飘进,吹湿了她底衣衫。一个脸孔肥肥的,两眼很有心计的约摸五十四五岁的老妇人来迎她,她想:这当然是大娘了。可是只向她满面羞涩地看一看,并没有叫。她很亲昵似的将她牵上阶沿,一个长长的瘦瘦的而面孔圆细的男子就从房里走出来。他向新来的少妇,仔细地瞧了瞧,堆出满脸的笑容来,向她问:

"这么早就到了么?可是打湿了你底衣裳了。"

而那位老妇人,却简直没有顾到他底说话,也向她问:

"还有什么在轿里么?"

"没有什么了。"少妇答。

几位邻舍的妇人站在大门外,探头张望的;可是她们走进屋里面了。

她自己也不知道这究竟为什么,她底心老是挂念着她底旧的家,掉不下她的春宝。这是真实而明显的,她应庆祝这将开始的三年的生活——这个家庭,和她所典给他的丈夫,都比曾经过去的要好,秀才确是一个温良和善的人,讲话是那么地低声,连大娘,实在也是一个出乎意料的妇人,她底态度之殷勤,和滔滔的一席话:说她和她丈夫底过去的生活之经过,从美满而漂亮的结婚生活起,一直到现在,中间的三十年。她曾做过一次的产,十五六年以前,养下一个男孩子,据她说,是一个极美丽又极聪明的婴儿,可是不到十个月竟患天花死去了。这样,以后就没有养过第二个。在她底意思中,似乎——似乎——早就叫她底丈夫娶一房妾,可是他,不知是爱她呢,还是没有相当的人——这一层她并没有说清楚；于是，就一直到现在。这样，竟说得这个具着朴素的心地的她，一时酸，一会苦，一时甜上心头，一时又咸的压下去了。最后这个老妇人并将她底希望也向她说出来了。她底脸是娇红的，可是老夫人说：

"你是养过三四孩子的女人了，当然，你是知道什么的，你一定知道的还比我多。"

这样，她说着走开了。

当晚，秀才也将家里底种种情形告诉她，实际，不过是向她夸耀或求媚罢了。她坐在一张橱子的旁边，这样的红的木橱，是她旧的家所没有的，她眼睛白晃晃地瞧着它。秀才也就坐在橱子底面前来，问她：

"你叫什么名字呢？"

她没有答，也并不笑，站起来，走在床底前面，秀才也跟到床底旁边，更笑地问她：

"怕羞么？哈，你想你底丈夫么？哈，哈，现在我是你底丈夫了。"声音是轻轻的，又用手去牵着她底袖子。"不要愁罢！你也想你底孩子的，是不是？不过——"

他没有说完，却又哈的笑了一声，他自己脱去他外面的长衫了。

她可以听见房外的大娘底声音在高声地骂着什么人，她一时听不出在骂谁，骂烧饭的女仆，又好像骂她自己，可是因为她底怨恨，仿佛又是为她而发的。秀才在床上叫道：

"睡罢，她常是这么噜噜苏苏的。她以前很爱那个长工，因为长工要和烧饭的黄妈多说话，她却常要骂黄妈的。"

日子是一天天地过去了。旧的家，渐渐地在她底脑子里疏远了，而眼前，却一步步地亲近她使她熟悉。虽则，春宝底哭声有时竟在她耳朵边响，梦中，她也几次地遇到过他了。可是梦是一个比一个缥缈，眼前的事务是一天比一天繁多。她知道这个老妇人是猜忌多心的，外表虽则对她还算大方，可是她底嫉妒的心是和侦探一样，监视着秀才对她的一举一动。有时，秀才从外面回来，先遇见了她而同她说话，老妇人就疑心有什么特别的东西买给她了，非在当晚，将秀才叫到她自己底房内去，狠狠地训斥一番不可。"你给狐狸迷着了么？""你应该称一称你自己底老骨头是多少重！"像这样的话，她耳闻到不止一次了。这样以后，她望见秀才从外面回来而旁边没有她坐着的时候，就非得急忙避开不可。即使她在旁边，有时也该让开些，但这种动作，她要做得非常自然，而且不能让别人看出，否则，她又要向她发怒，说是她有意要在旁人的前面暴露她大娘底丑恶。而且以后，竟将家里的许多杂务都堆积在她底身上，同一个女仆那么样。她还算是聪明的，有时老妇人换下来的衣服放着，她也给她拿去洗了，虽然她说：

"我底衣服怎么要你洗呢？就是你自己底衣服，也可叫黄妈洗的。"可是接着说：

"妹妹呀，你最好到猪栏里去看一看，那两只猪为什么这样喁喁叫的，或者因为没有吃饱罢，黄妈总是不肯给它们吃饱的。"

八个月了，那年冬天，她底胃却起了变化：老是不想吃饭，想吃新鲜的面，番薯等。

但番薯或面吃了两餐，又不想吃，又想吃馄饨，多吃又要呕。而且还想吃南瓜和梅子——这是六月里的东西，真稀奇，向哪里去找呢？秀才是知道在这个变化中所带来的预告了。他整日地笑微微，能找到的东西，总忙着给她找来。他亲身给她街上去买橘子，又托便人买了金柑来，他在廊沿下走来走去，口里念念有词的，不知说什么。他看她和黄妈磨过年的粉，但还没有磨了三升，就向她叫："歇一歇罢，长工也好磨的，年糕是人人要吃的。"

有时在夜里，人家谈着话，他却独自拿了一盏灯，在灯下，读起《诗经》来了：
"关关雎鸠，
　在河之洲，
　窈窕淑女，
　君子好逑——"
这时长工向他问：
"先生，你又不去考举人，还读它做什么呢？"
他却摸一摸没有胡子的口边，怡悦地说道：
"是呀，你也知道人生底快乐么？所谓：'洞房花烛夜，金榜挂名时。'你也知道这两句话底意思么？这是人生底最快乐的两件事呀！可是我对于这两件事都过去了，我却还有比这两件更快乐的事呢！"

这样，除出他底两个妻以外，其余的人们都大笑了。

这些事，在老妇人眼睛里是看得非常气恼了。她起初闻到她地受孕也欢喜，以后看见秀才的这样奉承她，她却怨恨她自己肚子地不会还债了。有一次，次年三月了，这妇人因为身体感觉不舒服，头有些痛，睡了三天。秀才呢，也愿她歇息歇息，更不时地问她要什么，而老妇人却着实地发怒了。她说她装娇，噜噜苏苏地说了三天。她先是恶意地讥嘲她：说是一到秀才底家里就高贵起来了，什么腰酸呀，头痛呀，姨太太的架子也都摆出来了；以前在自己底家里，她不相信她有这样的娇养，恐怕竟和街头的母狗一样，肚皮里有着一肚子的小狗，临产了，还要到处地奔求着食物。现在呢，因为"老东西"——这是秀才的妻叫秀才的名字——趋奉了她，就装着娇滴滴的样子了。

"儿子，"她有一次在厨房里对黄妈说："谁没有养过呀？我也曾怀过十个月的孕，不相信有这么的难受。而且，此刻的儿子，还在'阎罗王的簿里'，谁保的定生出来不是一只癞蛤蟆呢？也等到真的'鸟儿'从洞里钻出来看见了，才可在我底面前显威风，摆架子，此刻，不过是一块血的猫头鹰，就这么的装腔，也显得太早一点！"

当晚这妇人没有吃晚饭，这时她已经睡了，听了这一番婉转的冷嘲与热骂，她呜呜咽咽地低声哭泣了。秀才也带衣服坐在床上，听到浑身透着冷汗，发起抖来。他很想扣好衣服，重新走起来，去打她一顿，抓住她底头发狠狠地打她一顿，泄泄他一肚皮的气。

但不知怎样,似乎没有力量,连指也颤动,臂也酸软了,一边轻轻地叹息着说:

"唉,一向实在太对她好了。结婚了三十年,没有打过她一掌,简直连指甲都没有弹到她底皮肤上过,所以今日,竟和娘娘一般地难惹了。"

同时,他爬过到床底那端,她底身边,向她耳语说:

"不要哭罢,不要哭罢,随她吠去好了!她是阉过的母鸡,看见别人的孵卵是难受的。假如你这一次真能养出一男孩子来。我当送你两样宝贝——我有一只青玉的戒指,我有一只白玉的……"

他没有说完,可是他忍不住听下门外的他底大妻底喋喋的讥笑声音,他急忙地脱去了衣服,将头钻进被窝里去,凑向她底胸膛,一边说:

"我有白玉的……"

肚子一天天地膨胀的如斗那么大,老妇人终究也将产婆雇定了,而且在别人的面前,竟拿起花布来做婴儿用的衣服。酷热的暑天到了尽头,旧历的六月,他们在希望的眼中过去。秋开始,凉风也拂拂地向镇上吹送。于是有一天,这全家的人们都到了希望底最高潮,屋里底空气完全地骚动起来。秀才底心更是异常地紧张,他在天井上不断地徘徊,手里捧着一本历书,好似要读它背诵那么地念去——"戊辰","甲戌","壬寅之年",老是反复地、轻轻地说着。有时他底焦急的眼光向一间关了窗的房子望去——在这间房子内是有产母底低声呻吟的声音;有时他向天上望一望被云笼罩着的太阳,于是又走走向房门口,向站在房门内的黄妈问:

"此刻如何?"

黄妈不住地点着头不做声响,一息,答:

"快下来了,快下来了。"

于是他又捧了那本历书,在廊下徘徊起来。

这样的情形,一直继续到黄昏底青烟在地面起来,灯火一盏盏的如春天的野花般在屋内开起,婴儿才落地了,是一个男的。婴儿底声音很重地在屋内叫,秀才却坐在屋角里,几乎快乐到流出泪来了。全家的人都没有心思吃晚饭,在平淡的晚餐席上,秀才底大妻向佣人们说道:

"暂时瞒一瞒罢,给小猫头避避晦气;假如别人问起,也答养一个女的好了。"

他们都微笑地点点头。

一个月以后,婴儿底白嫩的小脸孔,已在秋天的阳光里照耀了。这个少妇给他哺着奶,邻舍的妇人围着他们瞧,有的称赞婴儿底鼻子好,有的称赞婴儿底口子好,有的称赞婴儿底两耳好;更有的称赞婴儿底母亲,也比以前好,白而且壮了。老妇人却和老祖母那么地吩咐着,保护着,这时开始说:

"够了,不要弄他哭了。"

关于孩子底名字，秀才是煞费苦心地想着，但总想不出一个相当的字来。据老妇人底意见，还是从"长命富贵"或"福禄寿喜"里拣一个字，最好还是"寿"字或"寿"同意义的字，如"其颐"，"彭祖"等。但秀才不同意，以为太通俗，人云亦云的名字。于是翻开了《易经》《书经》，向这里面找，但找了半月，一月，还没有恰贴的字。在他底意思：以为在这个名字内，一边要祝福孩子，一边要包含他底老而得子底蕴义，所以竟不容易找。这一天，他一边抱着三个月的婴儿，一边又向书里找名字，戴着一副眼镜，将书递到灯底旁边去。婴儿底母亲呆呆地坐在房内底一边，不知思想着什么，却忽然开口说：

"我想，还是叫他'秋宝'罢。"屋内的人们底几对眼睛都转向她，注意地静听着："他不是生在秋天吗？秋天的宝贝还是叫他'秋宝'罢。"

秀才立刻接着说道：

"是呀，我真极费心思了。我年过半百，实在到了人生的秋期；孩子也正养在秋天；'秋'是万物成熟的季节，秋宝，实在是很好的名字呀！而且《书经》里没有么？'乃亦有秋'，我真乃亦有'秋'了！"

接着，又称赞了一通婴儿底母亲：说是呆读书实在无用，聪明是天生的。这些话，说的这妇人连坐着都局促不安，垂下头，苦笑地又含泪地想：

"我不过因春宝想到了。"

秋宝是天天成长的非常可爱地离不开他底母亲了。他有出奇的大的眼睛，对陌生人是不倦地注视地瞧着，但对他底母亲，却远远地一眼就知道了。他整天的抓住了他底母亲，虽则秀才是比她还爱他，但不喜欢父亲；秀才底大妻呢，表面也爱他，似爱她自己亲生的儿子一样，但在婴儿底大眼睛里，却看她似陌生人，也用奇怪的不倦的视法。可是他的执住他底母亲愈紧，而他底母亲离开这家的日子也愈近了。春天底口子咬住了冬天底尾巴；而夏天底脚又常是紧随着在春天底身后的；这样，谁都将孩子底母亲底三年快到的问题横放在心头上。

秀才呢，因为爱子的关系，首先向他底大妻提出来了：他愿意再拿出一百元钱，将她永远买下来。可是他底大妻底回答是：

"你要买她，那先给药死罢！"

秀才听到这句话，气的只向鼻孔放出气，许久没有说；以后，他反而做着笑脸地：

"你想想孩子没有娘……"

老妇人也尖利地冷笑地说：

"我不好算是他底娘么？"

在孩子的母亲的心呢，却正矛盾着两种的冲突了：一边，她底脑里老是有"三年"这两个字，三年是容易过去的，于是她底生活便变做在秀才家里底用人似的了。而且想象中的春宝，也同眼前的秋宝一样活泼可爱，她既舍不得秋宝，怎么就能舍得掉春宝呢？可是另一面边，她实在愿意永远在这新的家里住下去，她想，春宝的爸爸不是一个长寿的人，他底病一定是在三五年之内要将他带走到不可知的异国里去的，于是，她便要求她底第二个丈夫，将春宝也领过来，这样，春宝也在她底眼前。

有时，她倦坐在房外的沿廊下，初夏的阳光，异常地能令人昏朦地起幻想，秋宝睡在她底怀里，含着她底乳，可是她觉得仿佛春宝同时也站在她底旁边，她伸出手去也想将春宝抱近来，她还要对他们兄弟两人说几句话，可是身边是空空的。在身边的较远的门口，却站着这位脸孔慈善而眼睛凶毒的老妇人，目光注视着她。这样，恍恍惚惚地敏悟："还是早些脱离开罢，她简直探子一样地监视着我了。"可是忽然怀内的孩子一叫，她却又什么也没有的只剩着眼前的事实来支配她了。

以后，秀才又将计划修改了一些：他想叫沈家婆来，叫她向秋宝底母亲底前夫去说，他愿否再拿进三十元——最多是五十元，将妻续典三年给秀才。秀才对他底大妻说：

"要是秋宝到五岁，是可以离开娘了。"

他底大妻正是手里捻着念佛珠，一边在念着"南无阿弥陀佛"，一边答：

"她家里也还有前儿在，你也应放她和她底结发夫妇团聚一下罢。"

秀才低着头，断断续续地仍然这样说：

"你想想秋宝两岁就没有娘……"

可是老妇人放下念佛珠说：

"我会养的，我会管理他的，你怕我谋害了他么？"

秀才一听到末一句话，就拔步走开了。老妇人仍在后面说：

"这个儿子是帮我生的，秋宝是我底；绝种虽然是绝了你家底种，可是我却仍然吃着你家底饭。你真被迷了，老昏了，一点也不会想了。你还有几年好活，却要拼命拉她在身边？双连牌位，我是不愿意坐的！"

老妇人似乎还有许多刻毒的锐利的话，可是秀才走远开听不见了。

在夏天，婴儿底头上生了一个疮，有时身体稍稍发些热，于是这位老妇人就到处地问菩萨，求佛药，给婴儿敷在疮上，或灌下肚里，婴儿底母亲觉得并不十分要紧，反而使这样小小的生命哭成一身的汗珠，她不愿意，或将吃了几口的药暗地里拿去倒掉。于是这位老妇人就高声叹息，向秀才说：

"你看她竟一点也不介意他底病，还说孩子是并不怎样瘦下去。爱在心里的是深的；专疼表面是假的。"

这样，妇人只暗自挥泪，秀才也不说什么话了。

秋宝一周纪念的时候，这家热闹地排了一天的酒筵，客人也到了三四十，有的送衣服，有的送面，有的送银制的狮子，给婴儿挂在胸前的，有的送镀金的寿星老头儿，给孩子钉在帽上的，许多礼物，都在客人底袖子里带来了。他们祝福着婴儿的飞黄腾达，赞颂着婴儿的长寿永生；主人底脸孔，竟是荣光照耀着，有如落日的云霞反映着在他底颊上的。

可是在这天，正当他们筵席将举行的黄昏时，来了一个客，从朦胧的暮光中向他们底天井走进，人们都注意他：一个憔悴异常的乡人，衣服补衲的，头发很长，在他底腋下，挟着一个纸包。主人骇异地迎上前去，问他是哪里人，他口吃似地答了，主人一时糊涂的，但立刻明白了，就是那个皮贩。主人更轻轻地说：

"你为什么也送东西来了？你真不必的呀！"

来客胆怯地向四周看看，一边答说：

"要，要的……我来祝祝这个宝贝长寿千……"

他似没有说完，一边将腋下的纸包打开来了，手指颤动地打开了两三重的纸，于是拿出四只铜制镀银的字，一方寸那么大，是"寿比南山"四字。

秀才底大娘走来了，向他仔细一看，似乎不大高兴。秀才却将他招待到席上，客人们互相私语着。

两点钟的酒与肉，将人们弄的胡乱与狂热了：他们高声猜着拳，用大碗盛着酒互相比赛，闹得似乎房子都被震动了。只有那个皮贩，他虽然也喝了两杯酒，可是仍然坐着不动，客人们也不招呼他。等到兴尽了，于是各人草草地吃了一碗饭，互祝着好话，从两两三三的灯笼光影中，走散了。

而皮贩却吃到最后，佣人来收拾羹碗了，他才离开了桌，走到廊下的黑暗处。在那里，他遇见了他底被典的妻。

"你也来做什么呢？"妇人问，语气是非常凄惨的。

"我哪里又愿意来，因为没有法子。"

"那么你为什么来的这样晚？"

"我哪里来买礼物的钱呀？！奔跑了一上午，哀求了一上午，又到城里买礼物，走得乏了，饿了，也迟了。"

妇人接着问：

"春宝呢？"

男了沉吟了一息答：

"所以，我是为春宝来的。……"

"为春宝来的？"妇人惊异地回音似地问。

男人慢慢地说：

"从夏天来，春宝是瘦的异样了。到秋天，竟病起来了。我又哪里有钱给他请医生吃药，所以现在，病是更厉害了！再不想法救救他，眼见得要死！"静寂了一刻，继续说:"现在,我是向你来借钱的……"

这时妇人底胸膛内,简直似有四五只猫在抓她,咬她,咀嚼着她底心脏一样。她恨不得哭出来,但在人们个个向秋宝祝颂的日子,她又怎么好跟在人们底声音后面叫哭呢?她吞下她底眼泪,向她底丈夫说:"我又哪里有钱呢?我在这里,每月只给我两角钱的零用,我自己又哪里要用什么,悉数补在孩子底身上了。现在,怎么好呢?"

他们一时没有话,以后,妇人又问:

"此刻有什么人照顾着春宝呢?"

"托了一个邻舍,我仍旧想回家,我就要走了。"

他一边说着,一边揩着泪。女的同时哽咽着说:

"你等一下罢,我向他去借借看。"

她就走开了。

三天以后的一天晚上,秀才忽然问这妇人道:

"我给你的那只青玉戒指?"

"在那天夜里,给了他了。给了他拿去当了。"

"没有借你五块钱么?"秀才愤怒地。

妇人低着头停了一息答:

"五块钱怎么够呢!"

秀才接着叹息说:

"总是前夫和前儿好,无论我对你怎么样!本来我很想再留你两年的,现在,你还是到明春就走罢!"

女人简直连泪也没有地呆着了。

几天后,他还向她那么地说:

"那只戒指是宝贝,我给你是要你传给秋宝的,谁知你一下就拿去当了!幸得她不知道,要是知道了。有三个月好闹了!"

妇人是一天天地黄瘦了。没有精采的光芒在她底眼睛里起来,而讥笑与冷骂的声音又充塞在她底耳内了。她是时常记念着她底春宝的病的,探听着有没有从她底本乡来的朋友,也探听着有没有向她底本乡去的便客,她很想得到一个关于"春宝的身体已复原"的消息,可是消息总没有;她也想借两元钱或买些糖果去,方便的客人又没有,她不时地抱着秋宝在门首过去一些的大路边,眼睛望着来和去的路。这种情形却很使秀才底大妻不舒服了,她时常对秀才说:

"她哪里愿意在这里呢?她是极想早些飞回去的。"

有几夜,她抱着秋宝在睡梦中突然喊起来,秋宝也被吓醒,哭起来了。秀才就追逼地问:

"你为什么？你为什么？"

可是女人拍着秋宝，口子哼哼的没有答。秀才继续说：

"梦着你底前儿死了么，那么地喊？连我都被你叫醒了。"

女人急忙一边答：

"不，不，……好像我底前面有一圹坟呢！"

秀才没有再讲话，而悲哀的幻象更在女人底前面展现开来，她要走向这坟去。

冬末了，催离别的小鸟，已经到她底窗前不住地叫了。先是孩子断了奶，又叫道士们来给孩子度了一个关，于是孩子和他亲生的母亲的别离——永远的别离的命运就被决定了。

这一天，黄妈先悄悄地向秀才底大妻说：

"叫一顶轿子送他去么？"

秀才底妻子还是手里捻着念佛珠说：

"走好罢，到那边轿钱是那边付的，她又哪里有钱呢？听说她底亲夫连饭也没得吃，她不必摆阔了。路也不算远，我也是曾经走过三十里路的人，她的脚比较大，半天可以到了。

这天早晨当她给秋宝穿衣服的时候，她的泪如溪水地流下，孩子向她叫："婶婶，婶婶"——因为老妇人要他叫自己是"妈妈"，只准叫她是"婶婶"——她向他咽咽地答应。他很想对她说几句话，意思是：

"别了，我底亲爱的儿子呀！你的妈妈待你是好的，你将来也好好地待还她罢，永远不要再记念我了！"

可是她无论怎样也说不出。她也知道一周半的孩子是不会了解的。

秀才悄悄地走向她，从她背后的腋下伸进手来，在他底手内是十枚双毫角子，一边轻轻说：

"拿去罢，这两块钱。"

妇人扣好孩子的钮扣，就将角子塞在怀内的衣袋里。

老妇人又近来了，注意着秀才走出去的背后，又向妇人说：

"秋宝给我抱去罢，免得你走时他哭。"

妇人不做声响，可是秋宝总不愿意，用手不住地拍在老妇人底脸上，于是老妇人生气地又说：

"那么那同他去吃早饭去罢，吃了早饭交给我。"

拼命地劝她多吃饭，一边说：

"半月来你就这样了，你真来的时候还瘦了。你没有去照照镜子。今天，吃一碗下去罢，你还要走三十里路呢。"

她只不关紧要地说了一句：

"你对我真好！"

但是太阳是升得非常高了，一个很好的天气，秋宝还是不肯离开他的母亲，老妇人便狠狠地将他从她的怀里夺去，秋宝用小小的脚踢在老妇人的肚子上，用小小的拳搔住她的头发，高声呼喊她。妇人在后面说：

"让我吃了中饭去罢。"

老妇人却转过头，汹汹地答：

"赶快打起你底包袱去罢，早晚总有一次的！"

孩子的哭声便在她的耳内渐渐去了。

打包裹的时候，耳是听着孩子的哭声。黄妈在旁边，一边劝慰着她，一边却看她打进甚么去。终于，她挟着一只旧的包裹走了。她离开他的大门时，听见她的秋宝的哭声。可是慢慢地远远地走了三里路了，还听见她的秋宝的哭声。

暖和的太阳所照耀的路，在她面前竟和天一样无穷止地长。当她走到一条河边的时候，她很想停止她的那么无力的脚步，向明澈可以照见她自己底身子的水底跳下去了。但在水边坐了一会之后，她还得依前去的方向，移动她自己的影子。

太阳已经过午了，一个村里的一个年老的乡人告诉她，路还有十五里；于是她向那个老人说：

"伯伯，请你代我就近叫一顶轿子罢，我是走不回去了！"

"你是有病的么？"老人门。

"是的，"

她那时坐在村口的凉亭里面。

"你从那里来？"

妇人静默了一时答：

"我是向那里去的；早晨我以为自己会走的。"

老人怜悯地也没有多说话，就给她两位轿夫，一顶没蓬的轿。因为那是下秧的季节。

下午三四时的样子，一条狭窄而污秽的乡村小街上，抬过了一顶没蓬的轿子，轿里躺着一个脸色枯萎如同一张干瘪的黄菜叶那么的中年妇人，两眼朦胧地颓唐地闭着。嘴里的呼吸只有微弱地吐出。街上的人们个个睁着惊异的目光，怜悯地凝视着过去。一群孩子们，争噪地跟在轿后，好像一件奇异的事情落到这沉寂小村镇里来了。

春宝也是跟在轿后的孩子们中底一个，他还在似赶猪那么地哗着轿走，可是轿子一转一个弯，却是向他底家里去的路，他却直了两手而奇怪了，等到轿子到了他家里的门口，他简直呆似地远远地站在前面，背靠一株柱子上，面向着轿，其余的孩子们胆怯地围在轿的两边。妇人走出来了，她昏迷的眼睛还认不清站在前面的，穿着褴褛的衣服，

头发蓬乱的,身子和三年前一样的短小,那个八岁的孩子是她的春宝。突然,她哭出来地高叫了:

"春宝呀!"

一群孩子们,个个无意地吃了一惊,而春宝简直吓得躲进屋里他父亲那里去了。

妇人在灰暗的屋内坐了许久许久,她和她底丈夫都没有一句话。夜色降落了,他下睡的头昂起来,向她说:

"烧饭吃罢!"

妇人不得已地站起来,向屋角上旋转了一周,一点也没有气力地对她丈夫说:

"米缸内是空空的……"男人冷笑了一声,答说:"你真是大人家里生活过了!米,盛在那只香烟盒子内。"

当天晚上,男子向她底儿子说:

"春宝,跟你底娘去睡!"

而春宝却靠在灶边哭起来了。他的母亲走近他,一边叫:

"春宝,宝宝!"

可是当她底手去抚摸他的时候,他又躲闪开了。男子加上说:

"会生疏得那么快,一顿打呢!"

她眼睁睁地睡在一张龌龊的狭窄板床上,春宝陌生似地睡在她底身边。在她底已经麻木的脑内,仿佛秋宝肥白可爱地在她身边挣动着,她伸出两手去抱,可是身边是春宝。这时,春宝睡着了,转了一个身,她的母亲紧紧地将他抱住,而孩子却从微弱的鼻声中,脸伏在她的胸膛,两手抚摩着她的两乳。

沉静而寒冷的死一般长的夜,似无限地拖延着,拖延着……

一九三〇年一月二十日

解读

《为奴隶的母亲》是作家柔石的一部短篇小说,1930年3月1日发表在《萌芽》第1卷第3期上。小说通过对旧社会惨无人道的"典妻"现象的描写,控诉了封建社会残酷的经济剥削、阶级压迫,以及对劳动人民的精神奴役和摧残,揭露了封建道德的虚伪和堕落。作品着力刻画了一个被压迫、被摧残、被践踏的贫苦妇女——春宝娘的形象。因生活所迫,她不得不忍痛撇下5岁的儿子春宝,被丈夫典到邻村一个地主秀才家当生儿子的工具。当地主的目的达到之后,她又被迫和另一个儿子秋宝分别。她拖着黄瘦疲惫的身体,带着痴呆麻木的神情,离开秀才家,回到自己那间破屋的时候,已经奄奄一息,而分离了3年的儿子春宝又陌生得不认识她了。春宝娘是两个孩子的母亲,却被剥夺了亲子之爱;她是有丈夫的女人,却不能做合法的妻子、享有做母亲的权利。她是商品,是工具,是一种特殊的奴隶。作者借"为奴隶的母亲",向吃人的旧社会提出的血泪控诉,是怵目惊心的,是发人深省的!作者以十分严峻冷静的笔触,采用白描手法,将深挚的情感蕴含在朴素、真切的生活描写中,不夸饰、不渲染,冷静谛观人生,严峻解剖现实,让读者从清晰的生活画卷里去探索思考重大的人生问题,表现了深刻的现实主义精神。柔石是左联五烈士之一,他的小说创作曾深受鲁迅先生称赞,只可惜英年早逝,才华未曾得以施展。本文是作者的代表作。三八节之际,我们为女性曾经的噩运扼腕,祝福笑靥如花的现代女子生活绚丽如霞!

十五、华威先生

张天翼

转弯抹角算起来——他算是我的一个亲戚。我叫他"华威先生"。他觉得这种称呼不大好。

"嗳,你真是!"他说。"为什么一定要个'先生'呢。你应当叫我'威弟'。再不然叫'阿威'。"

把这件事交涉过了之后,他立刻戴上了帽子:"我们改日再谈好不好?我总想畅畅快快跟你谈一次——唉,可总是没有时间。今天刘主任起草了一个县长公余工作方案,硬叫我参加意见,叫我替他修改。三点钟又还有一个集会。"

这里他摇摇头,没奈何地苦笑了一下。他声明他并不怕吃苦;在抗战时期大家都应当苦一点。不过——时间总要够支配呀。

"王委员又打了三个电报来,硬要请我到汉口去一趟。这里全省文化界抗敌总会又成立了,一切抗战工作都要领导起来才行。我怎么跑得开呢,我的天!"

于是匆匆忙忙跟我握了握手,跨上他的包车。

他永远挟着他的公文皮包。并且永远带着他那根老粗老粗的黑油油的手杖。左手无名指上带着他的结婚戒指。拿着雪茄的时候就叫这根无名指微微地弯着,而小指翘得高高的,构成一朵兰花的图样。

这个城市里的黄包车谁都不作兴跑,一脚一脚挺踏实地踱着,好像饭后千步似的。可是包车例外:叮当,叮当,叮当——一下子就抢到了前面。黄包车立刻就得往左边躲开,小推车马上打斜。担子很快地就让到路边。行人赶紧就避到两旁的店铺里去。

包车踏铃不断地响着。钢丝在闪着亮。还来不及看清楚——它就跑得老远老远的了,像闪电一样快。

而据这里有几位抗战工作者的上层分子的统计——跑得顶快的是那位华威先生的

包车。

他的时间很要紧。他说过。

"我恨不得取消晚上睡觉的制度。我还希望一天不止二十四小时。抗战工作实在太多了。"

接着掏出表来看一看，他那一脸丰满的肌肉立刻紧张了起来。眉毛皱着，嘴唇使劲撮着，好像他在把全身的精力都要收敛到脸上似的。他立刻就走：他要到难民救济会去开会。

照例，会场里的人全到齐了坐在那里等着他。他在门口下车的时候总得顺便把踏铃踏它一下：叮！

同志们彼此看着：唔，华威先生到会了。有几位透了一口气。有几位可就拉长了脸瞧着会场门口。有一位甚至于要准备决斗似的，抓着拳头瞪着眼。

华威先生的态度很庄严，用种从容的步子走进去，他先前那副忙劲儿好像被他自己的庄严态度消解掉了。他在门口稍微停了一会儿，让大家好把他看个清楚，仿佛要唤起同志们的一种信任心，仿佛要给同志们一种担保，什么困难的大事也都可以放下心来。他并且还点点头。他眼睛并不对着谁，只看着天花板。他是在对整个集体打招呼。

会场里很静。会议就要开始。有谁在那里翻着什么纸张，窸窸窣窣①的。

华威先生很客气地坐到一个冷角落里，离主席位子顶远的一角。他不大肯当主席。

"我不能当主席。"他拿着一支雪茄烟打手势。"工人抗战工作协会的指导部今天开常会。通俗文艺研究会的会议也是今天。伤兵工作团也要去的，等一下。你们知道我的时间不够支配：只容许我在这里讨论十分钟。我不能当主席。我想推举刘同志当主席。"

说了就在嘴角上闪起一丝微笑，轻轻地拍几下手板。

主席报告的时候，华威先生不断地在那里括洋火点他的烟。把表放在面前，时不时像计算什么似的看看它。

"我提议！"他大声说。"我们的时间是很宝贵的，我希望主席尽可能报告得简单一点。我希望主席能够在两分钟之内报告完。"

他括了两分钟洋火之后，猛地站了起来。对那正在哇啦哇啦的主席摆摆手：

"好了，好了。虽然主席没有报告完，我已经明白了。我现在还要赴别的会，让我先发表一点想见。"

停了一停。抽两口雪茄，扫了大家一眼。

"我的意见很简单，只有两点，"他舔舔嘴唇。"第一点，就是每个工作人员不能够怠工。而是相反，要加紧工作。这一点不必多说，你们都是很努力的青年，你们都能热

---

① 窸窸窣窣（xīxisūsū）：拟声词，模拟细小的摩擦声音。

心工作。我很感谢你们。但是还有一点——你们时时刻刻不能忘记,那就是我要说的第二点。"

他又抽了两口烟,嘴里吐出来的可只有热气。这就又括了一根洋火。

"这第二点呢就是:青年工作人员要认定一个领导中心。你们只有在这一个领导中心的领导之下,抗战工作才能够展开。青年是努力的,是热心的,但是因为理解不够,工作经验不够,常常容易犯错误。要是上面没有一个领导中心,往往要弄得不可收拾。"

瞧瞧所有的脸色,他脸上的肌肉耸动了一下,表示一种微笑。他往下说:

"你们都是青年同志,所以我说得很坦白,很不客气。大家都要做抗战工作,没有什么客气可讲。我想你们诸位青年同志一定会接受我的意见。我很感激你们。好了,抱歉得很,我要先走一步。"

把帽子一戴,把皮包一挟,瞧着天花板点点头,挺着肚子走了出去。

到门口可又想起了一件什么事。他把当主席的同志拽开,小声儿谈了几句。

"你们工作——有什么困难没有?"他问。

"我刚才的报告提到了这一点,我们……"

华威先生伸出个食指顶着主席的胸脯:

"唔,唔,唔。我知道我知道。我没有多余的时间来谈这件事。以后,你们凡是想到的工作计划,你们可以到我家里去找我商量。"

坐在主席旁边那个长头发青年注意地看着他们,现在可忍不住插嘴了:

"星期三我们到华先生家里去过三次,华先生不在家……"

那位华先生冷冷地瞅他一眼,带着鼻音哼了一句:"唔,我有别的事,"又对主席低声说下去:

"要是我不在家,你们跟密司黄接头也可以。密司黄知道我的意见,她可以告诉你们。"

密司黄就是他的太太。他对第三者说起她来,总是这么称呼她的。

他交代过了这才真的走开。这就到了通俗文艺研究会的会场。他发现别人已经在那里开会,正有一个人在那里发表意见。他坐了下来,点着了雪茄,不高兴地拍了三下手板。

"主席!"他叫,"我因为今天另外还有一个集会,我不能等到终席。我现在有点意见,想要先提出来。"

于是他发表了两点意见:第一,他告诉大家——在座的人都是当地的文化人,文化人的工作是很重要的,应当加紧地做去。第二,文化人应当认清一个领导中心,文化人在文抗会的领导中心的领导之下团结起来,统一起来。

五点三刻他到了文化界抗敌总会的会议室。

这回他脸上堆上了笑容,并且对每一个人点头。

"对不住得很,对不住得很,迟到了三刻钟。"

主席对他微笑一下,他还笑着伸了伸舌头,好像闯了祸怕挨骂似的。他四面瞧瞧形势,就拣在一个小胡子的旁边坐下来。

他带着很机密很严重的脸色——小声儿问那个小胡子:

"昨晚你喝醉了没有?"

"还好,不过头有点子晕。你呢?"

"我啊——我不该喝了那三杯猛酒,"他严肃地说。"尤其是汾酒,我不能猛喝。刘主任硬要我干掉。嗨,一回家就睡倒了。密司黄说要跟刘主任去算账呢,要质问他为什么要把我灌醉。你看!"

一谈了这些,他赶紧打开皮包,拿出一张纸条——写几个字递给了主席。

"请你稍为等一等,"主席打断了一个正在发言的人的话。"华威先生还有别的事情要走。现在他有点意见,要求先让他发表。"

华威先生点点头站了起来。

"主席!"腰板微微地一弯。"各位先生!"腰板微微地一弯。"兄弟首先要请求各位原谅:我到会迟了点,而又要提前退席……"

随后他说出了他的意见。他声明——这文化界抗敌总会的常务理事会,是一切救亡工作的领导机关,应该时时刻刻起领导中心作用。

"群众是复杂的。工作又很多。我们要是不能起领导作用,那就很危险,很危险。事实上,此地各方面的工作也非有个领导中心不可。我们的担子真是太重了,但是我们不怕怎样的艰苦,也要把这担子担起来。"

他反复地说明了领导中心作用的重要,这就戴起帽子去赴一个宴会。他每天都这么忙着。要到刘主任那里去联络。要到各学校去演讲。要到各团体去开会。而且每天不是别人请他吃饭,就是他请人吃饭。

华威太太每次遇到我,总是代替华威先生诉苦。

"唉,他真苦死了!工作这么多,连吃饭的工夫都没有。"

"他不可以少管一点,专门去做某一种工作么?"我问。

"怎么行呢?许多工作都要他去领导呀。"

可是有一次,华威先生简直吃了一大惊。妇女界有些人组织了一个战时保婴会,竟没有去找他!

他开始打听,调查。他设法把一个负责人找来。

"我知道你们委员会已经选出来了。我想还可以多添加几个。由我们文化界抗敌总会派人来参加。"

他看见对方在那里踌躇，他把下巴挂了下来：

"问题是在这一点：你们委员是不是能够真正领导这工作？你能不能够对我担保你们会内没有汉奸，没有不良分子？你能不能担保你们以后工作不至于错误，不至于怠工？你能不能担保，你能不能？你能够担保的话，那我要请你写个书面的东西，给我们文抗会常务理事会。以后万一如果你们的工作出了毛病，那你就要负责。"

接着他又声明：这并不是他自己的意思。他不过是一个执行者。这里他食指点点对方胸脯：

"如果我刚才说的那些你们办不到，那不是就成了非法团体了么？"

这么谈判了两次，华威先生当了战时保婴会的委员。于是在委员会开会的时候，华威先生挟着皮包去坐这么五分钟，发表了一两点意见就跨上了包车。

有一天他请我吃晚饭。他说从家乡带来了一块腊肉。

我到他家里的时候，他正在那里对两个学生样的人发脾气。他们都挂着文化界抗敌总会的徽章。

"你昨天为什么不去，为什么不去？"他吼着。"我叫你拖几个人去的。但是我在台上一开始演讲，一看连你都没有去听！我真不懂你们干了些什么？"

"昨天我去出席日本问题座谈会的。"

华威先生猛地跳起来了：

"什么！什么！日本问题座谈会？怎么我不知道，怎么不告诉我？"

"我们那天部务会议决议了的。我来找过华先生，华先生又是不在家"

"好啊，你们秘密行动！"他瞪着眼。"你老实告诉我这个座谈会到底是什么背景，你老实告诉我！"

对方似乎也动了火：

"什么背景呢，都是中华民族！部务会议议决的怎么是秘密行动呢。华先生又不到会，开会也不终席，来找又找不到。我们总不能把部里的工作停顿起来。"

"混蛋！"他咬着牙，嘴唇在颤抖着。"你们小心！你们，哼，你们！你们！……"他倒到了沙发上，嘴巴痛苦地抽得歪着。"妈的！这个这个——你们青年！……"

五分钟之后他抬起头来，害怕地四面看一看。那两个客人已经走了。他叹一口长气，对我说：

"唉，你看你看！现在的青年怎么办，现在的青年！"

这晚他没命地喝了许多酒，嘴里嘶嘶地骂着那些小伙子。他打碎了一只茶杯。密司黄扶着他上了床，他忽然打个寒噤说：

"明天十点钟有个集会……"

解 读

《华威先生》完成于 1938 年，作者张天翼（1906—1985），原名张元定，生于南京，祖籍湖南湘乡。

张天翼中学时曾为"礼拜六"刊物写过滑稽、侦探类小说，初步培养了喜剧才能。张天翼这一笔名是于 1925 年发表散文《黑的颤动》时开始使用的。1929 年，他在鲁迅、郁达夫主编的《奔流》刊物上发表短篇《三天半的梦》，自此加入新文学阵营，开始他以揭露为宗旨的小说生涯。他的作品多以幽默轻松的笔触展示中国社会中下层的悲剧状态，被鲁迅视为是新文学以来"最好的作家"和"最优秀的左翼作家"。他创作多产，此后十年间完成短篇小说近百篇。

时至今日，张天翼留传下来的作品最著名的除了此文外，便数他的童话作品。他的长篇童话《大林和小林》虽然明显带有阶级批判的成人内容，但却因其想象的荒诞滑稽而受到孩子们的喜爱。中华人民共和国成立后的长篇童话《宝葫芦的秘密》及《罗文应的故事》也很知名。

这篇小说写于抗日战争时期。当时前方战事紧张，而后方的华威先生，也在天天忙碌着为抗战做"贡献"到各个组织开会、讲话，然而总是讲不了两句，就又赶到下一个会场去了。他是真的在关心抗战组织的发展吗？不，他不过是想把各个组织的权力抓到手罢了，强调"领导中心作用"的重要才是他的主要目的。小说巧妙地运用语言和动作描写，运用夸张和对比手法，辛辣地讽刺了当时的国民党顽固派。这部漫画小品式的中篇小说，是抗战前期著名的暴露国统区弊端的讽刺文学。华威先生这一带有某些类型化倾向的人物，因其攫取权力的狂热与无孔不入的流氓气质而具有了一定超时代的因素，因此至今有人读来仍然有所感慨。

十六、包 身 工

夏 衍

已经是旧历四月中旬了，上午四点过一刻，晓星才从慢慢地推移着的淡云里面消去，蜂房般的格子铺里的生物已经在蠕动了。

"拆铺啦！起来！"穿着一身和时节不相称的拷绸衫裤的男子，像生气似的呼喊，"芦柴棒，去烧火！妈的，还躺着，猪猡！"

七尺阔、十二尺深的工房楼下，横七竖八地躺满了十六七个"猪猡"。跟着这种有威势的喊声，在充满了汗臭、粪臭和湿气的空气里面，她们很快地就像被搅动了的蜂窝一般骚动起来。打呵欠，叹气，寻衣服，穿错了别人的鞋子，胡乱地踏在别人身上，叫喊,在离开别人头部不到一尺的马桶上很响地小便。成人期女孩所共有的害羞的感觉,在这些被叫做"猪猡"的生物中间,已经很迟钝了。半裸体地起来开门,拎着裤子争夺马桶,将身体稍稍背转一下就会公然地在男人面前换衣服。

那男人虎虎地在起得慢一点的"猪猡"身上踢了几脚,回转身来站在不满二尺阔的楼梯上面,向着楼上的另一群生物呼喊:

"揍你的!再不起来?懒虫!等太阳上山吗?"

蓬头、赤脚,一边扣着纽扣,几个睡眼惺忪的"懒虫"从楼上冲下来了。自来水龙头边挤满了人,用手捧些水来浇在脸上。"芦柴棒"着急地要将大锅里的稀饭烧滚,但是倒冒出来的青烟引起了她一阵猛烈的咳嗽。十五六岁,除了老板之外,大概很少有人知道她的姓名。手脚瘦得像芦棒梗一样,于是大家就拿"芦柴棒"当做了她的名字。

"上午四点过一刻","鸽子笼一般"的住房里,包身工起床,开始了一天非人的生活。

这是杨树浦福临路东洋纱厂的工房。长方形的,红砖墙严密地封锁着的工房区域,像一条水门汀的弄堂马路划成狭长的两块。像鸽子笼一般地分得均匀,每边八排,每排五户,一共八十户一楼一底的房屋,每间工房的楼上楼下,平均住着三十二三个"懒虫"和"猪猡",所以,除了"带工"老板、老板娘、他们的家族亲戚和穿拷绸衣服的同一职务的打杂、请愿警之外,这工房区域的墙圈里面住着二千左右衣服褴褛而替别人制造衣料的"猪猡"。

但是,她们正式的名称却是"包身工"。她们的身体,已经以一种奇妙的方式包给了叫做"带工"的老板。每年特别是水灾、旱灾的时候,这些在东洋厂里有"脚路"的带工,就亲自或者派人到他们家乡或者灾荒区域,用他们多年熟练了的可以将一根稻草讲成金条的嘴巴,去游说那些没钱可又不忍让他们的儿女饿死的同乡。

"还用说?住的是洋式的公司房子。吃的是鱼肉荤腥。一个月休息两天,咱们带着到马路上去玩耍。嘿,几十层楼的高房子,两层楼的汽车,各种各样好看好用的外国东西。老乡!人生一世,你也得去见识一下啊!做满三年,以后赚的钱就归你啦。块把钱一天的工钱,嘿,别人给我叩了头也不替她写进去!咱们是同乡,有交情。交给我带去,有什么三差二错,我还能回家乡吗?"

这样说着,咬着草根树皮的女孩子可不必说,就是她们的父母,也会怨恨自己没有跟去享福的福份了。于是,在预备好了的"包身契"上画一个十字,包身费大洋二十元,期限三年,三年之内,由带工的供给住食,介绍工作,赚钱归带工者收用,生死疾病一听天命,先付包洋十元,人银两交,"恐后无凭,立此包身契据是实!"

福临路工房的二千左右的包身工人,隶属在五十个以上的"带工"头手下,她们是顺从地替带工赚钱的"机器"。所以,每个"带工"所带包身工的人数也就表示了他们的手面和财产。少一点的,三十五十,多一点的带着一百五十个以上。手面宽一点的"带工",不仅可以放债、买田、起屋,还能兼营茶楼、浴室、理发铺一类的买卖。

四点半之后,没有线条和影子的晨光胆怯地显出来的时候,水门汀路上和弄堂里面,已被这些赤脚的乡下姑娘挤满了。凉爽而带有一点湿气的晨风,大约就是这些生活在死水一般的空气里面的人们仅有的天惠。她们嘈杂起来,有的在公共自来水龙头边舀水,有的用断了齿的木梳梳掉执拗地粘在头发里的棉絮,陆续地两个一组两个一组地用扁担抬着平满的马桶,吆喝着从人们身边擦过。带工的老板或者打杂的拿着一叠叠的"打印子簿子",懒散地站在正门出口——好像火车站轧票处一般的木栅子的前面。楼下的那些席子、破被之类收拾掉之后,晚上倒挂在墙壁上的两张饭桌放下来了。几十只碗,一把竹筷,胡乱地放在桌上,轮值烧稀饭的就将一洋铅桶浆糊一般的薄粥放在板桌中央。她们的定食是两粥一饭,早晚吃粥,中午的干饭由老板差人给她们送进工厂里去。粥!它的成分并不和一般通用的意义一样,里面是较少的籼米、锅焦、碎米和较多的乡下人用来喂猪的豆腐渣!粥菜?是不可能有的。有几个"慈祥"的老板到小菜场去收集一些莴苣的菜叶,用盐一浸,这就是她们难得的佳肴。

只有两条板凳,其实,即使有更多的板凳,这屋子里面也没有同时容纳三十个人吃粥的地方。她们一窝蜂地抢一般地盛了一碗,歪着头用舌舔着淋漓在碗边外的粥汁,就四散地蹲伏或者站立在路上和门口。添粥的机会除了特殊的日子,譬如老板、老板娘的生日,或者发工钱的日子之外,通常是很难有的。轮着揩地板、倒马桶的日子,也有连一碗也轮不到的时候。洋铅桶空了,轮不到盛第一碗的人们还捧着一只空碗,于是老板娘拿起铅桶到锅子里去刮一下锅焦、残粥,再到自来水龙头边去冲一些清水,用她那双才在梳头的油手搅拌一下,气哄哄地放在这些廉价的、不需要更多维持费的"机器"们面前。

"死懒!躺着死不起来,活该!"

十一年前内外棉的顾正红事件,尤其是五年前的"一二八"战争之后,东洋厂对于这种特殊的廉价"机器"的需要突然地增加起来。据说,这是一种极合经济原理和经营原则的方法。有引号的机器,终究还是血肉之躯。所以当超过了"外头工人"忍耐的最大限度的时候,他们往往会很自然地想起一种久已遗忘了的人类所该有的力量。有时候愚蠢的奴隶会体会到一束箭折不断的道理。再消极一点,他们也还可以拼着饿死不干。一个有殖民地经验的"温情主义者",在一本著作的序文上说:"在这次斗争中,警察没有任何的威权,在民众的结合力前面,什么权力都不中用了!"可是,结论呢?用温情主义吗?不,不!他们所采用的方法,只是用廉价而没有"结合力"的"包身工"来替代"外头工人"而已。

第一,包身工的身体是属于带工老板的,所以她们根本就没有"做"或者"不做"

的自由。她们每天的工资就是老板的利润,所以即使在生病的时候,老板也会很可靠地替厂家服务,用拳头、棍棒或者冷水来强制她们去做工作。就拿上面讲到过的芦柴棒来做个例吧,——其实,这样的情况每个包身工都会遭遇到:有一次,在一个很冷的清晨,芦柴棒害了急性的重伤风而躺在"床"上了。她们躺的地方,到了一定的时间是非让出来做吃粥的地方不可的,可是在那一天,芦柴棒可真的挣扎不起来了,她很见机地将身体慢慢地移到屋子的角上,缩做一团,尽可能地不占地方。可是在这种工房里面,生病躺着休养的例子是不能任你开的,一个打杂的很快地走过来了。干这种职务的人,大半是带工头的亲戚,或者在"地方上"有一点势力的流氓,所以在这种法律的触手达不到的地方,他们差不多有自由生杀的权利。芦柴棒的喉咙早已哑了,用手做着手势,表示身体没力,请求他的怜悯。

"假病,老子给你医!"

一手抓住了头发,狠命地往上一摔,芦柴棒手脚着地,很像一只在肢体上附有吸盘的乌贼。一脚踢在她的腿上,照例第二、第三脚是不会少的,可是打杂的很快就停止了。后来,据说,因为芦柴棒"露骨"地突出的腿骨,碰痛了他的足趾!打杂的恼了,顺手夺过一盆另一个包身工正在揩桌子的冷水,迎头泼在芦柴棒的头上。这是冬天,外面在刮寒风,芦柴棒遭了这意外的一泼,反射似的跳起身来,于是在门口刷牙的老板娘笑了:

"瞧!还不是假病!好好地会爬起来,一盆冷水就医好了。"

这只是常有的例子的一个。

第二,包身工都是新从乡下出来,而且她们大半都是老板娘的乡邻,这一点,在"管理"上是极有利的条件。厂家除了在工房周围造一条围墙,门房里置一个请愿警和门外钉一块"工房重地,闲人莫入"的木牌,使这些"乡下小姑娘"和别的世界隔绝之外,完全将管理权交给了带工的老板。这样,早晨五点钟由打杂的或者老板自己送进工厂,晚上六点钟接领回来,她们就永没有和外头人接触的机会。所以包身工是一种"罐装了的劳动力",可以"安全地"保藏,自由地使用,绝没有因为和空气接触而起变化的危险。

第三,那当然是工价的低廉。包身工由"带工"带进厂里,于是她们的集合名词又变了,在厂方,她们叫做"试验工"和"养成工"两种。试验工就表示准备将一个"生手"养成为一个"熟手"。最初的钱是每天十二小时大洋一角至一角五分,最初的工作范围是不需要任何技术的扫地、开花衣、扛原棉、松花衣之类。一两个礼拜之后就调到钢丝车间、条子间、粗纱间去工作。在这种工厂所有者的本国,拆包间、弹花间、钢丝车间的工作,通例是男工做的,可是在半殖民地,不必顾虑到社会的纠缠和官厅的监督,就将这种不是女性所能担任的工作加到工资不及男工三分之一的包身工们的身上去了。

五点钟,上工的汽笛声响了。红砖罐头的盖子——那一扇铁门一推开,就好像鸡鸭一般地无秩序地冲出一大群没有锁链的奴隶。每人手里都拿着一本打印子的簿子，不很讲话，即使讲话也没有什么生气。一出门，这人的河流就分开了，第一厂的朝东，二三五六厂的朝西，走不到一百步，她们就和另一种河流——同在东洋厂工作的"外头工人"们汇在一起。但是，住在这地域附近的人，这河流里面的不同的成分，是很容易看得出的。外头工人的衣服多少地整洁一点，很多穿着旗袍，黄色或者淡蓝的橡皮鞋子，十七八岁的小姑娘们有时爱搽些粉，甚至也有人烫过头发。包身工就没有这种福气了。她们没有例外地穿着短衣，上面是褪色和油脏了的湖绿乃至莲青的短衫，下面是玄色或者条纹的裤子，长头发，很多还梳着辫子，破脏的粗布鞋，缠过未放大的脚，走路也就有点蹒跚的样子。在路上走，这两种人很少有谈话的机会。脏，乡下气，土头土脑，言语不通，这都是她们不亲近的原因，过分地看高自己和不必要地看不起别人，这种心理是在"外头工人"的心里下意识地存在着的。她们想：我们比你们多一种自由，多一种权利，——这就是宁愿饿肚子的自由，随时可以调厂和不做的权利。

红砖头的怪物，已经张着嘴巴在等待着它的滋养物了。经过红头鬼把守着的铁门，在门房间交出准许她们贡献劳动力的凭证。包身工只交一本打印子的簿子，外头工人在这簿子之外还有一张贴着照片的入厂凭证。这凭证，已经有十一年的历史了。顾正红事件以后，内外棉摇班了，可其他的东洋厂还有一部分在工作，于是，在沪西的丰田厂，有许多内外棉的工人冒险混进去，做了一次里应外合的英勇的工作，从这时候起，由丰田提议，工人入厂之前就需要这种有照片的凭证。这种制度，是东洋厂所特有的。

织成衣服的一缕缕纱，编成袜子的一根根线，穿在身上都是光滑舒适而愉快的。可是在从原棉制成这种纱线的过程，就不像穿衣服那样的愉快了。纱厂工人终日面临着音响、尘埃和湿气三大威胁。

"五点钟"，包身工们走进工厂，开始了在"三大威胁"和"三大危险"威胁下的一天的工作。

这大概是自然现象吧，一种生物在这三种威胁下面工作，更加地容易疲劳。但是在做夜班的时候，打瞌睡是不会有的。因为野兽一般的铁的暴君监视着你，只要断了线不接，锭壳轧坏，皮辊摆错方向，乃至车板上有什么堆积，就会有遭到"拿莫温"和"小荡管"毒骂和殴打的危险。这几年来，一般地讲，殴打的事情已经渐渐地少了，可是这种"幸福"只局限在外头工人身上。拿莫温和小荡管打人，很容易引起同车间工人的反对，即使当场不致发作，散工之后往往会有"喊朋友评理"和"打相打"的危险。但是，包身工是没有"朋友"和帮手的！什么人都可以欺侮，什么人都看不起她们，她们是最下层的一类人，她们是拿莫温和小荡管们发脾气和使威风的对象。在纱厂，活儿做得不好的罚规，大约是殴打、罚工钱和"停生意"三种。那么，在包身工所有者——带工老板的立场来看，后面的两种当然是很不利了，罚工钱就是减少他们的利润，停生意不仅不能赚钱，还要贴她二粥一饭，于是带工头不假思索地就爱上了殴打这办法。每逢端午重阳年头年尾，带工头总要对拿莫温们送礼，那时候他们总得谄媚地讲：

"总得你帮忙，照应照应。咱的小姑娘有什么事情，尽管打，打死不干事，只要不是罚工钱停生意！"打死不干事，在这种情形之下，包身工当然是"人人得而欺之"了。有一次，一个叫做小福子的包身工整好了的烂纱没有装起，就遭了拿莫温的殴打，恰恰运气坏，一个"东洋婆"走过来了，拿莫温为着要在主子面前显出他的威风，和对东洋婆表示他管督的严厉，打得比平常格外着力。东洋婆望了一会儿，也许是她不喜欢这种不文明的殴打，也许是她要介绍一种更合理的惩戒方法，走近身来，揪住小福子的耳朵，将她扯到太平龙头前面，叫她向着墙壁立着；拿莫温跟着过来，很懂得东洋婆的意思似的，拿起一个丢在地上的皮带盘心子，不怀好意地叫她顶在头上。东洋婆会心地笑了：

"这个小姑娘坏得很，懒惰！"

拿莫温学着同样生硬的调子说：

"这样她就打不成瞌睡了！"

这种文明的惩罚，有时候会叫你继续到两小时以上。两小时不做工作，赶不出一天该做的"生活"，那么工资减少又会招致带工老板的殴打，也就是分内的事了。殴打之外还有饿饭、吊起、关黑房间等等方法。

实际上，拿莫温对待外头工人，也并不怎样客气，因为除了打骂之外，还有更巧妙的方法，譬如派给你难做的"生活"，或者调你去做不愿意去做的工作。所以，外头工人里面的狡猾分子，就常常用送节礼巴结拿莫温的手段，来保障自己的安全。拿出血汗换的钱来孝敬工头，在她们当然是一种难堪的负担，但是在包身工，那是连这种送礼的权利也没有的！外头工人在抱怨这种额外的负担，而包身工却在羡慕这种可以自主地拿出钱来贿赂工头的权利！

在一种特殊优惠的保护之下，吸收着廉价劳动力的滋养，在中国的东洋厂飞跃地庞大了。单就这福临路的东洋厂讲，光绪二十八年三井系的资本收买大纯纱厂而创立第一厂的时候，锭子还不到两万，可是三十年之后，他们已经有了六个纱厂，五个布厂，二十五万锭子，三千张布机，八千工人和一千二百万元的资本。美国一位作家索洛曾在一本书上说过，美国铁路的每一根枕木下面，都横卧着一个爱尔兰工人的尸首。那么，我也这样联想，东洋厂的每一个锭子上面都附托着一个中国奴隶的冤魂！

两粥一饭，十二小时工作，劳动强化，工房和老板家庭的义务服役，猪猡一般的生活，泥土一般的作践——血肉造成的"机器"终究和钢铁造成的不一样，包身契上写明的三年期限，能够做满的不到三分之二。工作，工作，衰弱到不能走路还是工作，手脚像芦柴棒一般的瘦，身体像弓一样的弯，面色像死人一样的惨！咳着，喘着，淌着冷汗，还是被逼着在做工。譬如讲芦柴棒吧，她的身体实在瘦得太可怕了，放工的时候，厂门

口的"抄身婆"也不愿意去接触她的身体:

"让她扎一两根油线绳吧!骷髅一样,摸着她的骨头会做噩梦!"

但是带工老板是不怕做噩梦的!有人觉得太难看了,对她的老板说:

"譬如做好事吧,放了她!"

"放她?行!还我二十块钱,两年间的伙食、房钱。"他随便地说,回转头来对她一瞪,"不还钱,可别做梦!宁愿赔棺材,要她做到死!"

芦柴棒现在的工钱是每天三角八,拿去年的工钱三角二做平均,两年来在她身上已经收入了二百三十块了!

还有一个,什么名字记不起了,她熬不住这种生活,用了许多工夫,在上午的十五分钟休息时间里面,偷偷地托一个在补习学校念书的外头工人写了一封给她父母的家信,邮票大概是那位同情她的女工捐助的了。一个月没有回信,她在焦灼,她在希望,也许,她的父亲会到上海来接她回去,可是,回信是捏在老板的手里了。散工回来的时候,老板和两个打杂的站在门口,横肉脸上在发火了,一把扭住她的头发,踢,打,掷,和爆发一般的听不清的嚷骂:

"死娼妓,你倒有本领,打断我的家乡路!"

"猪猡,一天三餐将你喂昏了!"

"揍死你,给大家做个榜样!"

"信谁给你写的?讲,讲!"

血和惨叫使整个工房的人都怔住了,大家都在发抖,这好像真是一个榜样。打倦了之后,再在老板娘的亭子楼里吊了一晚。这一晚,整屋子除了快要断气一般的呻吟一般的呼喊之外,再没有别的声音。屏着气,睁着眼,百千个奴隶在黑夜中叹息她们的命运。

看着这种饲养小姑娘营利的制度,我禁不住想起孩子时候看到过的船户养墨鸭捕鱼的事了。和乌鸦很相像的那种怪样子的墨鸭,整排地停在舷上,它们的脚是用绳子吊住了的,下水捕鱼,起水的时候船户就在它的颈子上轻轻地一挤!吐了再捕,捕了再吐,墨鸭整天地捕鱼,卖鱼得钱的却是养墨鸭的船户。但是,从我们孩子的眼里看来,船户对墨鸭并没有怎样虐待,用船户养墨鸭捕鱼的事,比喻帝国主义及其买办们与包身工的剥削与被剥削的关系,十分精当,有力地控诉了吃人的包身工制度。而现在,将这种关系转移到人和人的中间,便连这一点施与的温情也已经不存在了!

在这千万被饲养者中间,没有光,没有热,没有温情,没有希望……没有法律,没有人道。这儿有的是20世纪的烂熟了的技术、机械、体制和对这种体制忠实服役的16世纪封建制度下的奴隶!

黑夜,静寂得像死一般的黑夜!但是,黎明的到来,毕竟是无法抗拒的。索洛警告美国人当心枕木下的尸首,我也想警告某一些人,当心呻吟着的那些锭子上的冤魂!

解 读

夏衍，原名沈端先，1900年生，浙江杭州人，主要作品有话剧剧本《上海屋檐下》《心防》《法西斯细菌》《考验》，以及报告文学《包身工》等。

《包身工》是夏衍在上海工厂区进行了两个多月实地调查以后写成的。作品以饱和着血泪的笔墨，真实地反映了包身工这种"现代奴隶"的非人生活和惨绝人寰的遭遇，深刻揭露了帝国主义与中国封建势力狼狈为奸，残酷压榨劳动人民的罪行。

作品从吃、住、做工等各个侧面，选取了不少有特征性的场景，进行包身工的群像刻画，显示出她们作为人形机器的共同命运。她们一律死灰般的面容，褴褛的衣衫，在繁重的劳动和野蛮的虐待下哀哭无告，以致几乎消失了表情和个性。同时，作品中也有许多细节，描写"芦柴棒"、小福子等的悲惨遭遇，更加深了读者的印象。同时，作者又恰当地穿插评论，做细密的分析，并证之以一些统计数字，有力揭示了包身工苦难的原因，那就是"带工""拿莫温""东洋婆"对她们进行超额的剥削，并且暗示，这种剥削是在外国资本家和国民党反动当局的勾结下进行的（如文中写道："在一种优惠的保护之下，吸收着廉价劳动力的滋养，在中国的东洋厂飞跃地膨大了。"）由于作品将鲜明的形象描写和细密的逻辑分析糅合在一起，因而具有雄辩的说服力和强烈的艺术效果。

十七、小二黑结婚

赵树理

一 神仙的忌讳

刘家峧有两个神仙，邻近各村无人不晓：一个是前庄上的二诸葛，一个是后庄上的三仙姑。二诸葛原来叫刘修德，当年做过生意，抬脚动手都要论一论阴阳八卦，看一看黄道黑道。三仙姑是后庄于福的老婆，每月初一十五都要顶着红布摇摇摆摆装扮天神。

二诸葛忌讳"不宜栽种"，三仙姑忌讳"米烂了"。这里边有两个小故事：有一年春天大旱，直到阴历五月初三才下了四指雨。初四那天大家都抢着种地，二诸葛看了看历书，又掐指算了一下说："今日不宜栽种。"初五日是端午，他历年就不在端午这天做什么，又不曾种；初六倒是个黄道吉日，可惜地干了，虽然勉强把他的四亩谷子种上了，却没有出够一半。后来直到十五才又下雨，别人家都在地里锄苗，二诸葛却领着两个孩子在地里补空子。邻家有个后生，吃饭时候在街上碰上二诸葛便问道："老汉！今天宜栽种不宜？"二诸葛翻了他一眼，扭转头返回去了，大家就嘻嘻哈哈传为笑谈。

三仙姑有个女孩叫小芹。一天，金旺他爹到三仙姑那里问病，三仙姑坐在香案后唱，金旺他爹跪在香案前听。小芹那年才九岁，晌午做捞饭，把米下进锅里了，听见她娘哼哼得很中听，站在桌前听了一会，把做饭也忘了。一会，金旺他爹出去小便，三仙姑趁空子向小芹说："快去捞饭！米烂了！"

却不料就叫金旺他爹听见，回去就传开了。后来有些好玩笑的人，见了三仙姑就故意问别人"米烂了没有？"

二　三仙姑的来历

三仙姑下神，足足有三十年了。那时三仙姑才十五岁，刚刚嫁给于福，是前后庄上第一个俊俏媳妇。于福是个老实后生，不多说一句话，只会在地里死受。于福的娘早死了，只有个爹，父子两个一上了地，家里只留下新媳妇一个人。村里的年青人们感觉着新媳妇太孤单，就慢慢自动的来跟新媳妇做伴，不几天就集合了一大群，每天嘻嘻哈哈，十分哄伙。

于福他爹看见不像个样子，有一天发了脾气，大骂一顿，虽然把外人挡住了，新媳妇却跟他闹起来。新媳妇哭了一天一夜，头也不梳，脸也不洗，饭也不吃，躺在炕上，谁也叫不起来，父子两个没了办法。邻家有个老婆替她请了一个神婆子，在她家下了一回神，说是三仙姑跟上她了，她也哼哼唧唧自称吾神长吾神短，从此以后每月初一十五就下起神来，别人也给她烧起香案求财问病，三仙姑的香案便从此设起来了。

青年们到三仙姑那里去，要说是去问神，还不如说是去看圣像。三仙姑也暗暗猜透大家的心事，衣服穿得更新鲜，头发梳得更光滑，首饰擦得更明，宫粉搽得更匀，不由青年们不跟着她转来转去。

这是三十来年前的事。当时的青年，如今都已留下了胡子，家里都是子媳成群，所以除了几个老光棍，差不多都没有那些闲情到三仙姑那里去了。三仙姑却和大家不同，虽然已经四十五岁，却偏爱当个老来俏，小鞋上仍要绣花，裤腿上仍要镶边，顶门上的头发脱光了，用黑手帕盖起来，只可惜宫粉涂不平脸上的皱纹，看起来好像驴粪蛋上下上了霜。

老相好都不来了，几个老光棍不能叫三仙姑满意，三仙姑又团结了一伙孩子们，比当年的老相好更多，更俏皮。

三仙姑有什么本领能团结这伙青年呢？这秘密在她女儿小芹身上。

三　小芹

三仙姑前后共生过六个孩子，就有五个没有成人，只落了一个女儿，名叫小芹。小芹当两三岁时候，就非常伶俐乖巧，三仙姑的老相好们，这个抱过来说是"我的"，那个抱起来说是"我的"，后来小芹长到五六岁，知道这不是好话，三仙姑教她说："谁再这么说，你就说'是你的姑姑'。"说了几回，果然没有人再提了。

小芹今年十八了，村里的轻薄人说，比她娘年轻时候好得多。青年小伙子们，有事没事，总想跟小芹说句话。小芹去洗衣服，马上青年们也都去洗；小芹上树采野菜，马上青年们也都去采。

吃饭时候，邻居们端上碗爱到三仙姑那里坐一会，前庄上的人来回一里路，也并不觉得远。这已经是三十年来的老规矩，不过小青年们也这样热心，却是近二三年来才有的事。

三仙姑起先还以为自己仍有勾引青年的本领，日子长了，青年们并不真正跟她接近，她才慢慢看出门道来，才知道人家来了为的是小芹。

不过小芹却不跟三仙姑一样，表面上虽然也跟大家说说笑笑，实际上却不跟人乱来，近二三年，只是跟小二黑好一点。前年夏天，有一天前晌，于福去地，三仙姑去溜门，家里只留下小芹一个人，金旺来了，嘻皮笑脸向小芹说："这会可算是个空子吧？"小芹板起脸来说："金旺哥！咱们以后说话规矩些！你也是娶媳妇大汉了！"金旺撇撇嘴说："咦！装什么假正经？小二黑一来管保你就软了！有便宜大家讨开点，没事；要正经除非自己锅底没有黑。"说着就拉住小芹的胳膊悄悄说："不用装模作样了！"不料小芹大声喊道："金旺！"金旺赶紧跑出来。一边还咀念道："等得住你！"说着就悄悄溜走了。

四　金旺弟兄

提起金旺来，刘家峧没有人不恨他，只有他一个本家兄弟名叫兴旺跟他对劲。

金旺他爹虽是个庄稼人，却是刘家峧一只虎，当过几十年老社首，捆人打人是他的拿手好戏。金旺长到十七八岁，就成了他爹的好帮手，兴旺也学会了帮虎吃食，从此金旺他爹想要捆谁，就不用亲自动手，只要下个命令，自有金旺兴旺代办。

抗战初年，汉奸敌探溃兵土匪到处横行，那时金旺他爹已经死了，金旺兴旺弟兄两个，给一支溃兵做了内线工作，引路绑票，讲价赎人，又做巫婆又做鬼，两头出面装好人。后来八路军来，打垮溃兵土匪，他两人才又回到刘家峧。

山里人本来就胆子小，经过几个月大混乱，死了许多人，弄得大家更不敢出头了。别的大村子都成立了村公所、各救会、武委会，刘家峧却除了县府派来一个村长以外，谁也不愿意当干部。不久，县里派人来刘家峧工作，要选举村干部，金旺跟兴旺两个，看出这又是掌权的机会，大家也巴不得有人愿干，就把兴旺选为武委会主任，把金旺选为村政委员，连金旺老婆也被选为妇救会主席。其他各干部，硬捏了几个老头子出来充数。只有青抗先队长，老头子充不得。兴旺看见小二黑这个小孩子漂亮好玩，随便提了一下名就通过了，他爹二诸葛虽然不愿，可是惹不起金旺，也没有敢说什么。

村长是外来的，对村里情形不十分了解，从此金旺兴旺比前更厉害了，只要瞒住村长一个人，村里人不论哪个都得由他两个调遣。这几年来，村里别的干部虽然调换了几个，而他两个却好像铁桶江山。大家对他两个虽是恨之入骨，可是谁也不敢说半句话，都恐怕扳不倒他们，自己吃亏。

<h2 style="text-align:center">五　小二黑</h2>

小二黑，是二诸葛的二小子，有一次反扫荡打死过两个敌人，曾得到特等射手的奖励。说到他的漂亮，那只不在刘家峧有名，每年正月扮故事，不论去到哪一村，妇女们的眼睛都跟着他转。

小二黑没有上过学，只是跟着他爹识了几个字。当他六岁时候，他爹就教他识字。识字课本既不是《五经》《四书》，也不是常识国语，而是从天干、地支、五行、八卦、六十四封名等学起，进一步便学些《百中经》《玉匣记》《增删卜易》《麻衣神相》《奇门遁甲》《阴阳宅》等书。小二黑从小就聪明，像那些算属相、卜六壬课、念大小流年或"甲子乙丑海中金"等口诀，不几天就都弄熟了，二诸葛也常把他引在人前卖弄。因为他长得伶俐可爱，大人们也都爱跟他玩，这个说："二黑，算一算十岁属什么？"那个说："二黑，给我卜一课！"后来二诸葛因为说"不宜栽种"误了种地，老婆也埋怨，大黑也埋怨，庄上人也都传为笑谈，小二黑也跟着这事受了许多奚落。那时候小二黑十三岁，已经懂得好歹了，可是大人们仍把他当成小孩来玩弄，好跟二诸葛开玩笑的，一到了家，常好对着二诸葛问小二黑道："二黑！算算今天宜不宜栽种？"和小二黑年纪相仿的孩子们，一跟小二黑生了气，就连声喊道："不宜栽种不宜栽种……"小二黑因为这事，好几个月见了人躲着走，从此就和他娘商量成一气，再不信他爹的鬼八卦。

小二黑跟小芹相好已经二三年了。那时候他才十六七，原不过在冬天夜长时候，跟着些闲人到三仙姑那里凑热闹，后来跟小芹混熟了，好像是一天不见面也不能行。后庄上也有人愿意给小二黑跟小芹做媒人，二诸葛不愿意，不愿意的理由有三：第一小二黑是金命，小芹是火命，恐怕火克金；第二小芹生在十月，是个犯月；第三是三仙姑的名声不好。恰巧在这时候彰德府来了一伙难民，其中有个老李带来个八九岁的小姑娘，因为没有吃的，愿意把姑娘送给人家逃个活命。

二诸葛说是个便宜，先问了一下生辰八字，掐算了半天说："千里姻缘一线牵。"就替小二黑收作童养媳。

虽然二诸葛说是千合适万合适，小二黑却不认账。父子俩吵了几天，二诸葛非养不行，小二黑说："你愿意养你就养着，反正我不要！"结果虽然把小姑娘留下了，却到底没有说清楚算什么关系。

六　斗争会

　　金旺自从碰了小芹的钉子以后，每日怀恨，总想设法报一报仇。有一次武委会训练村干部，恰巧小二黑发疟疾没有去。训练完毕之后，金旺就向兴旺说："小二黑是装病，其实是被小芹勾引住了，可以斗争他一顿。"兴旺就是武委会主任，从前也碰过小芹一回钉子，自然十分赞成金旺的意见，并且又叫金旺回去和自己的老婆说一下，发动妇救会也斗争小芹一番。金旺老婆现任妇救会主席，因为金旺好到小芹那里去，早就恨得小芹了不得。现在金旺回去跟她说要斗争小芹，这才是巴不得的机会，丢下活计，马上就去布置。第二天，村里开了两个斗争会，一个是武委会斗争小二黑，一个是妇救会斗争小芹。

　　小二黑自己没有错，当然不承认，嘴硬到底，兴旺就下命令把他捆起来送交政权机关处理。幸而村长脑筋清楚，劝兴旺说："小二黑发疟是真的，不是装病，至于跟别人恋爱，不是犯法的事，不能捆人家。"兴旺说："他已是有了女人的。"

　　村长说："村里谁不知道小二黑不承认他的童养媳。人家不承认是对的，男不过十六，女不过十五，不到订婚年龄。十来岁小姑娘，长大也不会来认这笔账。小二黑满有资格跟别人恋爱，谁也不能干涉。"兴旺没话说了，小二黑反要问他："无故捆人犯法不犯？"经村长双方劝解，才算放了完事。

　　兴旺还没有离村公所，小芹拉着妇救会主席也来找村长。

　　她一进门就说："村长！捉贼要赃，捉奸要双，当了妇救会主席就不说理了？"兴旺见拉着金旺的老婆，生怕说出这事与自己有关，赶紧溜走。后来村长问了问情由，费了好大一会唇舌，才给他们调解开。

七　三仙姑许亲

　　两个斗争会开过以后，事情包也包不住了，小二黑也知道这事是合理合法的了，索性就跟小芹公开商量起来。

　　三仙姑却着了急。她跟小芹虽是母女，近几年来却不对劲。三仙姑爱的是青年们，青年们爱的是小芹。小二黑这个孩子，在三仙姑看来好像鲜果，可惜多一个小芹，就没了自己的份儿。她本想早给小芹找个婆家推出门去，可是因为自己名声不正，差不多都不愿意跟她结亲。开罢斗争会以后，风言风语都说小二黑要跟小芹自由结婚，她想要真是那样的话，以后想跟小二黑说几句笑话都不能了，那是多么可惜的事，因此托东家求西家要给小芹找婆家。

　　"插起招军旗，就有吃粮人。"有个吴先生是在阎锡山部下当过旅长的退职军官，家里很富，才死了老婆。他在奶奶庙大会上见过小芹一面，愿意续她，媒人向三仙姑一说，三仙姑当然愿意。不几天过了礼帖，就算定了，三仙姑以为了却一宗心事。

小芹已经和小二黑商量得差不多了，如何肯听她娘的话。

过礼那一天，小芹跟她娘闹起来，把吴先生送来的首饰绸缎扔下一地。媒人走后，小芹跟她娘说："我不管！谁收了人家的东西谁跟人家去！"

三仙姑愁住了，睡了半天，晚饭以后，说是神上了身，打了两个呵欠就唱起来。她起先责备于福管不了家，后来说小芹跟吴先生是前世姻缘，还唱些什么"前世姻缘由天定，不顺天意活不成，……"于福跪在地下哀求，神非教他马上打小芹一顿不可。小芹听了这话，知道跟这个装神弄鬼的娘说不出什么道理来，干脆躲了出去，让她娘一个人胡说。

小芹一个人悄悄跑到前庄上去找小二黑，恰在路上碰上小二黑去找她，两个就悄悄拉着手到一个大窑里去商量对付三仙姑的法子。

八　拿双

小芹把她娘怎样主婚怎样装神，唱些什么，从头至尾细细向小二黑说了一遍，小二黑说："不用理她！我打听过区上的同志，人家说只要男女本人愿意，就能到区上登记，别人谁也作不了主。……"说到这里，听见外边有脚步声，小二黑伸出头来一看，黑影里站着四五个人，有一个说："拿双拿双！"他两人都听出是金旺的声音，小二黑起了火，大叫道："拿？没有犯了法！"兴旺也来了，下命令道："捉住捉住！我就看你犯法不犯法？给你操了好几天心了！"小二黑说："你说去哪里咱就去哪里，到边区政府你也不能把谁怎么样！走！"兴旺说："走？便宜了你！把他捆起来！"小二黑挣扎了一会，无奈没有他们人多，终于被他们七手八脚打了一顿捆起来。兴旺说："里边还有个女的，也捆起来！捉奸要双，这是她自己说的！"说着就把小芹也捆起来了。

前庄上的人都还没有睡，听见有人吵架，有些人就跑出来看，麻秆火把下看见捆着的两个人，大家不问就都知道了八九分。二诸葛也出来了，见小二黑被人家捆起来，就跪在兴旺面前哀求道："兴旺！咱两家没有什么仇！看在我老汉面上，请你们诸位高抬手……"兴旺说："这事情，我们管不了，送给上级再说吧！"小二黑说："爹！你不用管！送到哪里也不犯法！我不怕他！"兴旺说："好小子！要硬你就硬到底！"又逼住三个民兵说："带他们走！"一个民兵问："带到村公所？"兴旺说："还到村公所干什么？上一回不是村长放了的？送给区武委会主任按军法处理！"说着就把他两个人拥上走了。

九　二诸葛的神课

邻居们见是兴旺弟兄们捆人，也没有人敢给小二黑讲情，直等到他们走后，才把二诸葛招呼回家。

二诸葛连连摇头说:"唉!我知道这几天要出事啦!前天早上我上地去,才上到岭上,碰上个骑驴媳妇,穿了一身孝,我就知道坏了。我今年是罗睺星照运,要谨防带孝的冲了运气,因此哪里也不敢去,谁知躲也躲不过?昨天晚上二黑她娘梦见庙里唱戏。今天早上一个老鸦落在东房上叫了十几声,……唉!反正是时运,躲也躲不过。"他罗里罗嗦念了一大堆,邻居们听了有些厌烦,又给他说了一会宽心话,就都散了。

有事人哪里睡得着?人散了之后,二诸葛家里除了童养媳之外,三个人谁也没有睡。二诸葛摸了摸脸,取出三个制钱占了一卦,占出之后吓得他面色如土。他说:"了不得呀了不得!丑土的父母动出午火的官鬼,火旺于夏,恐怕有些危险了。唉!人家把他选成青年队长,我就说过不叫他当,小杂种硬要充人物头!人家说要按军法处理,要不当队长哪里犯得了军法?"老婆也拍手跺脚道:"小爹呀!谁知道你要闯这么大的事啦?"大黑劝道:"不怕!事已经出下了,由他去吧!我想这又不是人命事,也犯不了什么大罪!既然他们送到区上了,我先到区上打听打听!你们都睡吧!"说着点了个灯笼就走了。

二诸葛打发大黑去后,仍然低头细细研究方才占的那一卦。停了一会,远远听着有个女人哭,越哭越近,不大一会就来到窗下,一推门就进来了。二诸葛还没有看清是谁,这女人就一把把他拉住,带哭带闹说:"刘修德!还我闺女!你的孩子把我的闺女勾引到哪里了?还我……"二诸葛老婆正气得死去活来,一看见来的是三仙姑,正赶上出气,从炕上跳下来拉住她道:"你来了好!省得我去找你!你母女两个好生生把我孩子勾引坏,你倒有脸来找我!咱两人就也到区上说说理!"这两个女人滚成一团,二诸葛一个人拉也拉不开,也再顾不上研究他的卦。三仙姑见二诸葛老婆已经不顾了命,自己先胆怯了几分,不敢恋战,少闹了一会挣脱出来就走了。

二诸葛老婆追出门来,被二诸葛拦回去,还骂个不休。

十 恩典恩典

二诸葛一夜没有睡,一遍一遍念:"大黑怎么还不回来,大黑怎么还不回来。"第二天天不明就起程往区上走,走到半路,远远看见大黑、三个民兵已都回来了,还来了区上一个助理员,一个交通员。他远远就喊叫道:"大黑!怎么样?要紧不要紧?"大黑说:"没有事!不怕!"说着就走到跟前,助理员跟三个民兵先走了。大黑告交通员说:"这就是我爹!"又向二诸葛说:"区上添传你跟于福老婆。你去吧,没有事!二黑跟小芹两个人,一到区上就放开了。区上早就听说兴旺和金旺两个人不是东西,已经把他两个人押起来了,还派助理员到咱村开大会调查他们横行霸道的证据。我赶到那里人家就问罢了,听说区上还许咱二黑跟小芹结婚。"二诸葛说:"不犯罪就好,结婚可不行,命相不对!你没有听说添传我做什么?"大黑说:"不知道,大约也没有什么大事。你去吧，我先回去告我娘说。"交通员说："老汉！这就算见了你了！你去吧，我再传那一个去！"说了就跟大黑相跟着走了。

二诸葛到了区上，看见小二黑跟小芹坐在一条板凳上，他就指着小二黑骂道："闯祸东西！放了你你还不快回去？你把老子吓死了！不要脸！"区长道："干什么？区公所是骂人的地方？"二诸葛不说话了。区长问："你就是刘修德？"二诸葛答："是！"问："你给刘二黑收了个童养媳？"答："是！"问："今年几岁了？"答："属猴的，十二岁了。"区长说："女不过十五不能订婚，把人家退回娘家去，刘二黑已经跟于小芹订婚了！"二诸葛说："她只有个爹，也不知逃难逃到哪里去了，退也没处退。女不过十五不能订婚，那不过是官家规定，其实乡间七八岁订婚的多着哩。请区长恩典恩典就过去了。……"区长说："凡是不合法的订婚，只要有一方面不愿意都得退！"二诸葛说："我这是两家情愿！"区长问小二黑道："刘二黑！你愿意不愿意？"小二黑说："不愿意！"二诸葛的脾气又上来了，瞪了小二黑一眼道："由你啦？"区长道："给他订婚不由他，难道由你啦？老汉！如今是婚姻自主，由不得你了！你家养的那个小姑娘，要真是没有娘家，就算成你的闺女好了。"二诸葛道："那也可以，不过还得请区长恩典恩典，不能叫他跟于福这闺女订婚！"区长说："这你就管不着了！"二诸葛发急道："千万请区长恩典恩典，命相不对，这是一辈子的事！"又向小二黑道："二黑！你不要糊涂了！这是你一辈子的事！"区长道："老汉！你不要糊涂了，强逼着你十九岁的孩子娶上个十二岁的小姑娘，恐怕要生一辈子气！我不过是劝一劝你，其实只要人家两个人愿意，你愿意不愿意都不相干。回去吧！童养媳没处退就算成你的闺女！"二诸葛还要请区长"恩典恩典"，一个交通员把他推出来了。

十一　看看仙姑

三仙姑去寻二诸葛，一来为的是逞逞斗气的本领，二来为的是遮遮外人的耳目。其实让小芹吃一吃亏她很高兴，所以跟二诸葛老婆闹了一阵之后，回去就睡了。第二天早上，她起得很迟，于福虽比她着急，可是自己既没有主意，又不敢叫醒她，只好自己先去做饭。饭快成的时候，三仙姑慢慢起来梳妆，于福问她道："不去打听打听小芹？"她说："打听她做甚啦？她的本领多大啦？"于福也再没有敢说什么，把饭菜做成了放在炉边等，直等到她梳妆罢了才开饭。

饭还没有吃罢，区上的交通员来传她。她好像很得意，嗓子拉得长长地说："闺女大了咱管不了，就去请区长替咱管教管教！"她吃完了饭，换上新衣服、新手帕、绣花鞋、镶边裤，又擦了一次粉，加了几件首饰，然后叫于福给她备上驴，她骑上，于福给她赶上，往区上去。

到了区上。交通员把她引到区长房子里，她趴下就磕头，连声叫道："区长老爷，你可要给我作主！"区长正伏在桌上写字，见她低着头跪在地下，头上戴了满头银首饰，还以为是前两天跟婆婆生了气的那个年青媳妇，便说道："你婆婆不是有保人吗？为什么不找保人？"三仙姑莫明其妙，抬头看了看区长的脸。区长见是个擦着粉的老太婆，才知道是认错了人。交通员道："认错人了！这就是于小芹的娘！"区长打量了她一眼道："你就是小芹的娘呀？起来！不要装神做鬼！我什么都清楚！起来！"三仙姑站起来了。区长问："你今年多大岁数？"三仙姑说："四十五。"区长说："你自己看看你打扮得像个人不像？"门边站着老乡一个十来岁的小闺女嘻嘻嘻笑了。交通员说："到外边耍！"小闺女跑了。区长问："你会下神是不是？"三仙姑不敢答话。区长问："你给你闺女找了个婆家？"三仙姑答："找下了！"问："使了多少钱？"答："三千五！"问："还有些什么？"答："有些首饰布匹！"问："跟你闺女商量过没有？"答："没有！"问："你闺女愿意不愿意？"答："不知道！"区长道："我给你叫来你亲自问问她！"又向交通员道："去叫于小芹！"

刚才跑出去那个小闺女，跑到外边一宣传，说有个打官司的老婆，四十五了，擦着粉，穿着花鞋。邻近的女人们都跑来看，挤了半院，唧唧哝哝说："看看！四十五了！""看那裤腿！""看那花鞋！"三仙姑半辈没有脸红过，偏这会撑不住气了，一道道热汗在脸上流。交通员领着小芹来了，故意说："看什么？人家也是个人吧，没有见过？闪开路！"一伙女人们哈哈大笑。

把小芹叫来，区长说："你问问你闺女愿意不愿意！"三仙姑只听见院里人说"四十五""穿花鞋"，羞得只顾擦汗，再也开不得口。院里的人们忽然又转了话头，都说"那是人家的闺女"，"闺女不如娘会打扮"，也有人说"听说还会下神"，偏又有个知道底细的断断续续讲"米烂了"的故事，这时三仙姑恨不得一头碰死。

区长说："你不问我替你问！于小芹，你娘给你找的婆家你愿意跟人家结婚不愿意？"小芹说："不愿意！我知道人家是谁？"区长向三仙姑道："你听见了吧？"又给她讲了一会婚姻自主的法令，说小芹跟小二黑订婚完全合法，还吩咐她把吴家送来的钱和东西原封退了，让小芹跟小二黑结婚。她羞愧之下，一一答应了下来。

十二 怎么到底

三个民兵回到刘家峧，一说区上把兴旺金旺两人押起来，又派助理员来调查他们的罪恶，真是人人拍手称快。午饭后，庙里开一个群众大会，村长报告了开会宗旨，就请大家举他两个人的作恶事实。起先大家还怕扳不倒人家，人家再返回来报仇，老大一会没有人说话，有几个胆子太小的人，还悄悄劝大家说："忍事者安然。"有个被他两人作践垮了的年青人说："我从前没有忍过？越忍越不得安然！你们不说我说！"他先从金旺领着土匪到他家绑票说起，一连说了四五款，才说道："我歇歇再说，先让别人也说几款!"他一说开了头,许多受过害的人也都抢着说起来:有给他们花过钱的,有被他们逼着上过吊的,也有产业被他们霸了的,老婆被他们奸淫过的。他两人还派上民兵给他们自己割柴,拨上民夫给他们自己锄地;浮收粮,私派款,强迫民兵捆人,……你一宗他一宗,从晌午说到太阳落,一共说了五六十款。

区上根据这些罪状把他两人送到县里,县里把罪状一一证实之后,除叫他们赔偿大家损失外,又判了十五年徒刑。

经过这次大会之后,村里人也都敢出头了。不久,村干部又都经过大改选,村里人再也不敢乱投坏人的票了。这其间,金旺老婆自然也落了选。偏她还变了口吻,说:"以后我也要进步了。"

两个神仙也有了变化:

三仙姑那天在区上被一伙妇女围住看了半天,实在觉着不好意思,回去对着镜子研究了一下,真有点打扮得不像话;又想到自己的女儿快要跟人结婚,自己还卖什么老俏?这才下了个决心,把自己的打扮从顶到底换了一遍,弄得像个当长辈人的样子,把三十年来装神弄鬼的那张香案也悄悄拆去。

二诸葛那天从区上回去,又向老婆提起二黑跟小芹的命相不对,他老婆道:"把你的鬼八卦收起吧!你不是说二黑这回了不得吗?你一辈子放个屁也要卜一课,究竟抵了些什么事?我看小芹满不错,能跟咱二黑过就很好!什么命相对不对?你就不记得'不宜栽种'?"二诸葛见老婆都不信自己的阴阳,也就不好意思再到别人跟前卖弄他那一套了。

小芹和小二黑各回各家,见老人们的脾气都有些改变,托邻居们趁势和说和说,两位神仙也就顺水推舟同意他们结婚。

后来两家都准备了一下,就过门。过门之后,小两口都十分得意,邻居们都说是村里第一对好夫妻。

夫妻们在自己卧房里有时候免不了说玩话:小二黑好学三仙姑下神时候唱"前世姻缘由天定",小芹好学二诸葛说"区长恩典,命相不对"。淘气的孩子们去听窗,学会了这两句话,就给两位神仙加了新外号:三仙姑叫"前世姻缘",二诸葛叫"命相不对"。

1943年5月,写于太行

解 读

《小二黑结婚》是赵树理的成名作,在小说中赵树理给我们塑造了在历史变革中农民的各类群像,小二黑和小芹的爱情命运在中国现代文学史上具有深远意义,作者描绘了农村的男女青年为争取个性解放和婚姻自由,和封建势力和封建迷信抗争,最终获得胜利,反映了中国在反封建革命上取得的巨大进步。作者在作品中更多是重视故事的叙事性和连贯性，文字朴实自然是赵树理贴近生活本来真面目艺术理想的成功实践。

　　小说对在历史变革中各类农民形象的刻画无疑是最成功的。三仙姑和二诸葛代表着深受封建社会毒害，背负着沉重历史重负的老一代农民的形象，封建制度虽然已彻底消灭，但是要完全消除人们的封建思想需要一个漫长的过程。在小说中三仙姑和二诸葛依然从事着封建迷信的职业，依然用封建迷信的思想来作为自己生活的标准，二诸葛利用封建迷信来阻止小二黑和小芹结婚，三仙姑把封建迷信作为自己卖弄风骚、"勾引"男人的工具。三仙姑把英俊的小二黑看成是"鲜果"，怕小芹和小二黑结婚后没有了自己的份儿，于是就硬想把小芹嫁出去，到处托人为小芹做媒。尽管二诸葛和三仙姑反对小芹和小二黑婚姻的思想和动机各有不同，但他们都维护封建的包办婚姻，反对自由恋爱，深受着封建思想的毒害。

　　金旺和兴旺代表着封建思想还没有肃清但可能发生蜕变的年轻一代农民形象。金旺和兴旺受着父亲封建思想的影响和毒害，横行霸道，篡夺村权，成长为当地的"地头蛇"，调戏美貌的小芹，破坏小芹和小二黑的婚姻，在村里臭名昭著。但兴旺和金旺的被捕可能会成为他们人生的转折点，只要他们在牢里正视自己的污点，洗涤自己的灵魂，他们依然可以重新做人，重新创造自己的美好生活。

　　小芹和小二黑代表了在历史变革中的农民"新人"形象，争取着自由恋爱和婚姻自由，勇于和封建思想和封建势力做斗争，毫无害怕和恐惧，用自己的实际行动发出了时代的强音，表明了自己的勇敢与自信。我们可以看到，小芹和小二黑身上有着强烈的抗争精神，以及抗争态度的坚决与彻底，而他们的这些性格在中国传统农民的身上我们是没有看到的。

　　赵树理通过对农民的情感、农民的心理、农民的地位及家庭关系的描写，揭示了新社会、新农民的伟大力量，人们的封建思想虽未完全肃清，但人们的封建思想正在消亡与改变。赵树理最终把故事写成为大团圆的结局，表达了自己对农民能打开自己的封建禁锢，能过上幸福生活的美好祝愿。

十八、人到中年（节选）

谌　容

一

　　仿佛是星儿在太空中闪烁，仿佛是船儿在水面上摇荡。眼科大夫陆文婷仰卧在病床上，不知自己是在什么地方。她想喊，喊不出声来。她想看，什么也看不见。只觉得眼前有无数的光环，忽暗忽明，变幻无常。只觉得身子被一片浮云托起，时沉时浮，飘游不定。

这是在迷惘的梦中？还是在死亡的门前？

她记得，好像她刚来上班，刚进手术室，刚换上手术衣，刚走到洗手池边。对，她的好友姜亚芬是主动要求给她当助手的。姜亚芬的出国申请被批准了，他们一家就要去加拿大，这是姜亚芬跟自己一起做最后的一次手术了。

她们并肩站在一起洗手。这两个五十年代在医学院一起读书，六十年代初一起分配到这所大医院，同窗共事二十余载的好友即将天各一方，两人心情都很沉重。这种情绪在手术之前是不适宜的。她记得，自己曾想说些什么，调节一下这种离别前的惨淡的气氛。她说了些什么呢？对，她扭头问过：

"亚芬，飞机票订好了吗？"

姜亚芬说什么了？她好像什么也没有说，只是眼圈儿红了。

停了好久，姜亚芬才问了一句：

"文婷，你一上午做三个手术，行吗？"

她回答了吗？不记得了，好像是没有回答，只是一遍一遍地用刷子刷手。那小刷子好像是新换上的，一根根的鬃毛尖尖的，刺得手指尖好疼啊！她只看见手上白白的肥皂泡，只注视着墙上的挂钟，严格地按照规定，刷手、刷腕、刷臂，一次三分钟。她刷完三次，十分钟过去，她把双臂浸泡在消毒酒精水桶里。那酒精含量百分之七十五的消毒水好像是白色的，又好像是黄色的，直到现在，她的手和臂都发麻，火辣辣的。这是酒精的刺激吗？好像不是的。从二十年前实习时第一次上手术台到如今，她的手和臂几乎已经被酒精泡得发白，并没有感到什么刺痛呀？为什么现在这手好像抬也抬不起来了？

她记得，已经上了手术台，已经给病人的眼球后注射了奴佛卡因，手术就要开始了，这时，姜亚芬却悄悄问了一句话：

"文婷，你小孩的肺炎好了吗？"

啊！亚芬今天是怎么啦？难道她不知道一个眼科大夫上了手术台，就应该摒弃一切杂念，全神贯注于病人的眼睛，忘掉一切，包括自己，也包括自己的爱人、孩子和家庭。怎么能在这时候探问小佳佳的病呢？或许，亚芬正为她将去到异国而不安，竟至忘掉了她正在协助手术？

陆文婷几乎有些生气了，只答了一句：

"现在我除了这只眼睛，什么也不想。"

于是，她低下头去，用弯剪刀剪开了病眼的球结膜，手术就进行下去了。

啊！手术，手术，一个接着一个，今天上午怎么安排了三个手术呢？焦副部长的白内障摘除；王小嫚的斜视矫正；张老汉的角膜移植。从八点到十二点半，整整四个半小时，她坐在高高的手术凳上，俯身在明亮的灯下，聚精会神地操作。剪开，缝合；再剪开，再缝合。当她缝完最后一针，给病人眼睛上盖上纱布时，她站起身来，腿僵了，腰硬了，迈不开步了。

姜亚芬换好了衣服，站在门边叫她：

"文婷，走啊！"

"你先走吧！"陆文婷站住不动说。

"我等你。今天是我最后一次到医院来了。"

说着，姜亚芬的眼圈儿又红了。她那对漂亮的大眼睛水汪汪的，她是在哭吗？她为什么难过？

"你快回家收拾东西吧，刘大夫一定等你呢！"

"他都弄好了。"姜亚芬抬起头来，忽然叫道，"你，你的腿怎么啦？"

"坐久了，有点麻，一会儿就好了。晚上我去看你。"

"那，我先走了。"

姜亚芬走了，陆文婷退身到墙边，用手扶着白色瓷砖镶嵌的冰冷的墙壁，站了好一阵，才一步一步走到更衣室。

她记得，她是换了衣服的，是那件灰色的布上衣。她记得她走出医院的大门，几乎已经走进了那条小胡同，已经望见了家门口。可是忽然，她觉得疲劳，一种从来没有感到过的极度的疲劳。这疲劳从头到脚震动着她，眼前的路变得模糊了，小胡同忽然变长了，家门口忽然变远了，她觉得永远也走不到了。

手软了，腿软了，整个身子好像都不是自己的了。眼睛累了，睁不开了。嘴唇干了，动不了了。渴啊，渴啊，到哪里去找一点水喝？

她那干枯的嘴唇颤动了一下。

二

"孙主任，你看，陆大夫说话了！"一直守在病床边的姜亚芬轻声叫了起来。

眼科主任孙逸民正在翻阅陆文婷的病历，"心肌梗塞"四个字把他吓住了。他显得心事重重，摇了摇苍白的头，推了推架在高鼻梁上的黑边眼镜，不由联想到在他这个科里，四十岁左右的大夫患冠心病的已经不是一个了。陆文婷大夫才四十二岁，自称没病没灾，从来没有听说过她心脏不好，怎么突然心肌梗塞？这多么出人意料，又是多么可怕啊！

听到姜亚芬的喊声，孙主任转过高大的、有些驼背的身躯，俯视着面色苍白的陆文婷大夫，只见她双目紧闭，鼻息微弱，干裂的唇动了一下，闭上了，又歙动了一下。

"陆大夫！"孙逸民轻轻地喊了一声。

陆文婷又一动不动了。她那瘦削的浮肿的脸上没有一点反应。

"陆大夫！文婷！"姜亚芬低声唤着。

陆文婷依旧没有反应。

孙逸民抬头望着阴森森竖在墙角的氧气筒，又盯着床头的心电监视仪。当他看到示波器的荧光屏上心动电描图闪现着有规律的 QRS 波时，才稍许放心。他又扭过头看了看病人，挥了挥手说：

"快去叫她爱人来！"

一个中等身材，面目英俊，有些秃顶的四十多岁的男同志跑了进来。他是陆文婷的爱人傅家杰。从昨天晚上开始他就守在床边，没有合过眼，刚才孙主任来，劝他到病房外边的长椅上去歇一会儿，他才勉强离开。

这时，孙逸民忙闪开床头的位置，傅家杰过来，俯身在陆文婷的枕边，紧张地盯着这张曾经那么熟悉，现在又变得那么陌生的白纸一样的脸。

陆文婷的嘴唇又微微动了一下。这无声的语言，没有任何人能听懂，只有她的爱人明白了：

"快拿水来！她说她渴！"

姜亚芬赶忙递过床头柜上的小瓷壶。傅家杰接过来，小心地绕过输氧的橡皮管，把壶嘴挨在那像两片枯叶似的唇边，一滴一滴的清水流进了这垂危病人的口中。

"文婷，文婷！"

傅家杰喊着，他的手抖着，瓷壶里的水珠滴到了那雪一般惨白的脸上，她似乎又微微动了一下。

三

眼睛，眼睛，眼睛……

一双双眼睛纷至沓来，在陆文婷紧闭的双眸前飞掠而过。男的，女的；老的，少的；大的，小的；明亮的，浑浊的，千差万别，各不相同，在她四周闪着，闪着……

这是一双眼底出血的病眼，

这是一双患白内障的浊眼，

这是一双眼球脱落的伤眼。

这，这……啊！这是家杰的眼睛！喜悦和忧虑，烦恼和欢欣，痛苦和希望，全在这双眼睛中闪现。不用眼底灯，不用裂隙镜，就可以看到他的眼底，看到他的心底。

家杰的眼底清澈明亮，就像天上金色的太阳。家杰的心底是火热的，他曾给过她多少温暖啊！

是他的声音，家杰的声音！那么亲切，那么温柔，却又那么遥远，好似从九天之外的另一个世界飘来：

我愿意是激流，
……
只要我的爱人，
是一条小鱼，
在我的浪花中，
快乐地游来游去。

这是在什么地方？啊，是在一片银白色的天地中。冰冻的湖面，水晶一般透明。红的、蓝的、紫的、白的身影在冰面上飞翔。那欢乐的笑声啊，好似要把这透明的宫殿震穿！她和他也手拉着手，穿梭在人流里。笑脸，一张张的笑脸，她都看不见，她只看见他。他们并肩滑翔着，旋转着，嬉笑着，那是多么快乐的日子啊！

银装素裹的五龙亭，庄严古老，清幽旷寂，她和他倚身在汉白玉的亭台栏杆旁。片片雪花打在他们脸上，戏弄着他们的头发。他们不觉得冷，四只手紧紧地握在一起，傲视着这冷峻无情的严寒。

那时她是多么年轻！

她没有幻想过飞来的爱情，也没有幻想过超出常人的幸福。从小，她就是个孤苦伶仃的女孩子。幼年父亲出走，母亲在困苦中把她抚养成人。她不记得曾有过欢乐的童年，只记得一盏孤灯伴着早衰的母亲，夜夜剪裁缝补，度过了一个个冬春。

进了医学院，她住女生宿舍，在食堂吃大锅饭。天不亮，她就起床背外语单词。铃声响，她夹着书本去听课，大课小课，密密麻麻的笔记。接着是晚自习，然后在解剖室呆到深夜，她把青春慷慨地奉献给一堂接着一堂的课程，一次接着一次的考试。

爱情似乎与她无缘。姜亚芬是她同班同学，两人同住一间宿舍。姜亚芬有一双会说话的眼睛，有一张迷人的小嘴；有修长的身材，有活泼的性格。每个星期，她都会收到不能公开的来信；每个周末，她都有神秘的约会。而陆文婷却是茕茕孑立，形影相吊，没有来信，也没有约会。她似乎是一个被人遗忘的少女。

当她和姜亚芬一起被分配到这所具有一百多年历史的著名的大医院时，医院向她们宣布了一条规定：医学院的毕业生分配到本院先当四年住院医。在任住院医期间，必须二十四小时呆在医院，并且不能结婚。

姜亚芬背后咒骂"这简直是修道院"，陆文婷却甘心情愿地接受了这种苛求。二十四小时呆在医院，这算什么？她恨不得一天有四十八小时献给医院！四年之内不能结婚，这又算得了什么？医学上有成就的人，不是晚婚就是独身，这样的范例还少吗？小陆大夫把自己全身的精力投入了工作，兢兢业业地在医学的大山上登攀。

然而，生活总是出人意料的，傅家杰忽然闯进了她那宁静的、甚至是刻板的生活中来。

这是怎么回事？这事是怎么发生的？她一直闹不明白，她也没有去闹明白。他因为突然的眼病来住院了，恰巧是她负责的病人。她为他治好了眼睛。也许，就在她认真细巧的治疗中，唤起了他的另一种感情。这种感情蔓延着，燃烧着，使得他们两人的生活都改变了。

  北国的冬天多么冷啊！那年的冬天对她又是多么温暖！她从来不曾想到，爱情竟是这样的迷人，这样的令人心醉！她简直有些后悔，为什么不早去寻求？那一年，她已在人世间经历了二十八个春天，算不得年轻，然而，她的心却是年轻的。她用整个纯洁的身心来迎接这迟到的爱情。

  我愿意是荒林，

  ……

  只要我的爱人，

  是一只小鸟，

  在我的稠密的，

  树林间做窝、鸣叫……

  这简直不可思议。傅家杰是学冶金的。他在冶金研究所里专攻金属力学，据说是为"上天"研制新型材料的。他有点傻气，有点呆气，姜亚芬就说他是"书呆子"。可是，这个书呆子会念诗，而且念得那么好！

  "这是谁的诗？"她问他。

  "裴多菲，匈牙利的诗人。"

  "真怪，你是搞科学的，还有时间读诗？"

  "科学需要幻想，从这一点说，它同诗是相通的。"

  谁说傅家杰傻？他回答得很聪明。

  "你呢？你喜欢诗吗？"他问她。

  "我？我不懂诗，也很少念诗。"她微笑着略带嘲讽地说，"我们眼科是手术科，一针一剪都严格得很，不能有半点儿幻想的……"

  "不，你的工作就是一首最美的诗。"傅家杰打断她的话，热切地说，"你使千千万万人重见光明……"

  他微笑着挨近她，脸对着脸，靠得那么近。她从未感到过的男人的热气，猛然地飘洒在她脸上，使她迷惑，使她慌乱。她觉得好像要发生什么事情，果然，他伸开双臂，那么有力地把她拥进自己的怀里。

  这一切，来得那么突然。她惶恐地望着这双贴近的含笑的眼睛，张开的双唇。她心跳神驰，微仰起头，下意识地躲闪着，慌乱地紧闭了眼睛，承受着这不可抗拒的爱情的袭击。

雪中的北海，好像是专为她而安排。浓浓的雪花，纷纷扬扬，遮盖着高高的白塔、葱葱的琼岛、长长的游廊和静静的湖面，也遮盖着恋人们甜蜜的羞涩。

于是，出乎所有人的意料，在四年住院医的独身生活结束之后，陆文婷最先举行了婚礼。这只能说是命运的安排，谁能想到在她生活的路上会跳出一个傅家杰来？他要结婚，她怎么能拒绝呢？你看他多么固执地追求着，渴望着，愿意为她牺牲一切——

我愿意是废墟，

……

只要我的爱人，

是青春的常春藤，

沿着我荒凉的额，

亲密地攀援上升。

多好啊，生活！多美啊，爱情！这久远的往事重现在脑际，使得垂危中的她似乎有了生的活力，她的眼睛微微启开了一下。

（延伸阅读《人到中年》第四章至第二十三章）

解 读

《人到中年》，通过一个普通的中年女医生在长期的超负荷运转中几乎失去生命的悲剧故事，大胆地揭示了当时的社会现实：知识分子的价值、贡献与不相称的社会待遇之间的矛盾，尖锐地批评了"左倾"思想对知识分子的冷漠与歧视，发出了尊重人才、尊重知识的强烈呼吁。

陆文婷当了十八年眼科大夫，她不是主治医生，不是党员，无职无权，没有名声，没有地位，但在她柔弱的内心里，却激荡着对祖国、对人民的厚爱，对患者无私无怨的责任心。但是，她却没有得到应有的保护和珍惜，反而被忽视，常常受到冷漠的待遇，在政治上受轻视，在工作上遭非议。人到中年的她"外有业务重担，内有家务重担；上要供养父母，下要抚育儿女"，处于"超负荷运转"的艰难窘境中。因为夫妻俩都是单位的技术骨干，她几乎没有时间做饭、照顾孩子，小女儿佳佳病倒在托儿所，她仍忙到下班后才匆匆赶去将女儿抱回家；儿子园园该上学了却未吃上午饭，她只好让他买了烧饼一边吃一边上学去，自己也啃着儿子买回的干硬的冷烧饼赶去医院上班，将女儿交托给好心肠的邻居陈大妈照看。一家四口挤在十二平米的斗室中，家徒四壁，"没有沙发，没有大立柜，没有新桌椅"，甚至没有新铺盖，生活过得十分清寒。全家共用一张书桌，陆文婷要等儿子写完作业后才能坐到书桌旁钻研业务。她为焦部长做一个相对简单的白内障摘除手术，在医院领导力荐之下，仍因为职称问题被患者家属秦波质疑业务能力，之后，更是三番五次被迫中断繁忙的门诊工作，接受秦波关于手术的"盘问"。当陆文婷突发心肌梗塞时，丈夫傅家杰打电话给她工作的医院希望能派车急救，但是被几个部门来回踢皮球，最后，在无计可施的情况下，他只好闯到马路中央拦车，终于，一位素不相识的卡车司机热心帮助他将妻子送到医院。

知识分子问题的严重性，同样也反映在陆文婷好友姜亚芬夫妇的身上。姜亚芬夫妇因出身不好而受到歧视，这给他们的精神造成了极大的压抑和苦闷。钻研业务，却遭到恶意中伤和无端的诽谤。他们爱自己的祖国，爱医疗事业，但还是挥泪出国了。姜亚芬夫妇的出国，从另一方面向社会提出严重警告：知识分子境遇如不尽快改善，将会造成人才外流。

中篇
中国文学史故事

一、上巳游春两情悦——《诗经》中的浪漫爱情

"文雅的姑娘真美丽,约好在城边的角落里等我。却故意躲藏起来,惹我挠头又徘徊。美丽姑娘真好看,送我一支小彤管。彤管红红的发出闪闪的亮光,喜爱你的美丽。从郊外采来茅荑相赠送,确实又美丽又出奇。不是荑草真的美,(而是)美人送我含爱意。"

这大概是自古至今最为唯美的爱情故事之一,它出自《诗经·静女》。

《诗经》是中国古代诗歌开端,最早的一部诗歌总集,收集了西周初年至春秋中叶(公元前11世纪至公元前6世纪)的诗歌,共311篇,其中6篇为笙诗(即只有标题,没有内容,称为笙诗六篇:《南陔》《白华》《华黍》《由康》《崇伍》《由仪》),反映了周初至周晚期约五百年间的社会面貌,是周代社会生活的一面镜子。

《诗经》内容极为丰富,其中有先祖创业的颂歌、祭祀神鬼的乐章,也有贵族之间的宴饮交往、劳逸不均的怨愤,更有反映劳动、打猎,以及大量恋爱、婚姻、社会习俗方面的动人篇章。

《诗经》关注现实、抒发现实生活触发的真情实感,这种创作态度,使其具有强烈深厚的艺术魅力,是中国现实主义文学的第一座里程碑。

《诗经》的艺术技法被后人总结成"赋、比、兴"与"风、雅、颂",合称"六义"。一般认为风、雅、颂是诗的分类和内容题材;赋、比、兴是诗的表现手法。其中风、雅、颂是按不同的音乐分的,赋、比、兴是按表现手法分的。

二、爱国光辉齐日月——屈原、楚辞与《离骚》

屈原（约前340或前339—前278），战国时期楚国诗人、政治家。出生于楚国丹阳秭归（今湖北宜昌）。芈姓，屈氏，名平，字原；又自云名正则，字灵均。早年受楚怀王信任，任左徒、三闾大夫，兼管内政外交大事。提倡"美政"，主张对内举贤任能，修明法度，对外力主联齐抗秦。因遭贵族排挤毁谤，被先后流放至汉北和沅湘流域。秦将白起攻破楚都郢（今湖北江陵）后，屈原自沉于汨罗江，以身殉国。

屈原是中国历史上第一位伟大的爱国诗人，中国浪漫主义文学的奠基人，楚辞的创立者和代表作者，开辟了"香草美人"的传统，被誉为"中华诗祖""辞赋之祖"。屈原的出现，标志着中国诗歌进入了一个由集体歌唱到个人独创的新时代。屈原的主要作品有《离骚》《九歌》《九章》《天问》等。以屈原作品为主体的《楚辞》是中国浪漫主义文学的源头之一，与《诗经》并称"风骚"，对后世诗歌产生了深远影响。

《离骚》是中国战国时期诗人屈原创作的诗篇，是中国古代最长的抒情诗。此诗以诗人自述身世、遭遇、心志为中心。前半篇反复倾诉诗人对楚国命运和人民生活的关心，表达他要求革新政治的愿望，以及坚持理想、虽逢灾厄也绝不与邪恶势力妥协的意志；后半篇通过神游天界、追求理想的实现和失败后欲以身殉的陈述，反映出诗人热爱国家和人民的思想感情。全诗运用美人香草的比喻、大量的神话传说和丰富的想象，形成绚烂的文采和宏伟的结构，表现出积极的浪漫主义精神，并开创了中国文学史上的"骚体"诗歌形式，对后世产生了深远影响。

三、浩然正气贯长虹——孟子的人格魅力

《孟子》是中国儒家典籍中的一部，记录了战国时期思想家孟子的治国思想和政治策略，是孟子和他的弟子记录并整理而成的。《孟子》在儒家典籍（"四书""五经"）中占有很重要的地位，为"四书"之一。"四书"包括《论语》《孟子》《大学》《中庸》。五经包括《易》《书》《诗》《礼》（汉时指《仪礼》，后世指《礼记》）、《春秋》（后世指《春秋左氏传》）。

《孟子》七篇主要记录了孟子（约前372—前289）的谈话，是孟子和其弟子共同所著。该书反映了孔子以后最重要的儒学大师孟子对儒家学说的继承和发展，表现了孟子的思想和理论。千百年后，人们仍能清晰地感受到孟子的个性、情感和精神，看到一个大思想家的鲜活形象。这正是《孟子》千百年来一直具有无穷魅力的重要原因之一。游说诸侯，进行政治活动，宣传自己行王道、施仁政的政治主张，是孟子一生的主要活动内容。在此过程中，孟子表现出鲜明的个性特征。孟子初到齐国，齐王以有病为托词，不亲自来咨询政事，而是派人召见他。孟子也以有病为托词，不去朝见，次日却出吊东

郭氏，故意表明自己其实并没有病。齐王派人来问病，孟仲子一面替他周旋，一面要求孟子不要回家，赶快去朝见。孟子仍然不去，坚持非礼之召则不往，表现出傲岸的个性。这说明，战国时期的士具有相当高的社会地位。孟子仕于齐，极力向齐宣王宣传自己的"仁政"理论，希望齐宣王推行"仁政"，让黎民百姓不饥不寒，从而实现天下大治。这种积极推行自己的政治主张，藐视统治者，鄙视权势宝贵，希望能够消除世乱、救民于水火之中的热忱，是孟子精神世界最具闪光点的方面。正是这种精神境界，才使他具有刚正不阿、大胆泼辣的个性特点。书中还记录了孟子和其他学派的代表人物的论辩。在这些论辩中，孟子攻乎异端，感情毕露，有明晰的说理、逐层的批驳，层层进逼，气势凌人，也有偏激的言辞、幽默的讽刺，甚至破口大骂，同样反映了孟子激越的情感和刚直的个性。

四、发愤著书名山业——司马迁的史传散文

司马迁（前145—约前87）字子长，左冯翊夏阳（今陕西韩城）人，是西汉时期的史学家、文学家、思想家，所著《史记》是中国第一部纪传体①通史司马迁生活的时代正是汉朝国势强大、经济繁荣、文化兴盛的时候。十岁时，司马迁随父亲至京师长安，向老博士伏生、大儒孔安国学习；家学渊源既深，复从名师受业，启发诱导，获益不浅。大约二十岁时，司马迁开始外出游历。司马迁三十八岁时，正式做了太史令，有机会阅览汉朝宫廷所藏的一切图书、档案及各种史料。后司马迁因为李陵辩护，身体和心灵遭受巨大的折磨。

司马迁用一生的精力、艰苦的劳动，并忍受了肉体上和精神上的巨大痛苦，拿整个生命写成了一部永远闪耀着光辉的伟大著作——《史记》。鲁迅称《史记》为"史家之绝唱，无韵之离骚。"

五、哀鸣孔雀东南飞——乐府诗歌的辉煌成就

东汉建安年间，才貌双全的刘兰芝和庐江小吏焦仲卿真诚相爱。可婆婆焦母因种种原因对刘兰芝百般刁难，兰芝毅然请归，仲卿向母求情无效，夫妻只得话别，双双"誓天不相负"。兰芝回到娘家，慕名求婚者接踵而来，先是县令替子求婚，后是太守遣丞为媒。兰芝因与仲卿有约，断然拒绝。然而其兄恶言相向，兰芝不得已应允太守家婚事。仲卿闻变赶来，夫妻约定"在天愿作比翼鸟，在地愿为连理枝"。兰芝出嫁的喜庆之日，刘焦二人双双命赴黄泉，成千古绝唱。

---

① 纪传体是史书编著的一种体裁。此外还有编年体，代表作是宋代司马光的《资治通鉴》；国别体，代表作是汉代初期刘向编订的《战国策》；断代体，代表作是东汉史学家班固的《汉书》；纪事本末，代表作是南宋袁枢的《通鉴纪事本末》。其中，《史记》与《资治通鉴》并称"史学双璧"。

故事结尾充满浪漫主义的理想色彩：两人合葬，林中化鸟。

《孔雀东南飞》是中国文学史上第一部长篇叙事诗，也是乐府诗发展史上的高峰之作，后人将它与北朝的《木兰诗》并称为"乐府双璧"，又与唐代韦庄的《秦妇吟》并称为"乐府三绝"。除此之外，现今保存的汉乐府民歌的五六十首，真实地反映了下层人民的苦难生活。如《战城南》《东门行》《十五从军征》《陌上桑》等，乐府诗歌文体较《诗经》《楚辞》更为活泼自由，发展了五言体、七言体及长短句等，并多以叙事为主。后来，乐府为中国传统诗歌诗体的一种，与古体诗、近体诗构成古典诗歌中的三大类。

六、铜雀春深锁二乔——"三曹"的文学成就

"折戟沉沙铁未销，自将磨洗认前朝。东风不与周郎便，铜雀春深锁二乔。"杜牧涉及历史上著名的赤壁之战。在赤壁战役中，周瑜主要是用火攻战胜了数量上远远超过己方的敌人，而其能用火攻则是因为在决战的时刻，恰好刮起了强劲的东风。如果曹操成了胜利者，那么，大乔和小乔就必然要被抢去，关在铜雀台上，以供他享受了。诗中的大乔、小乔两位女子，并不是平常的人物，而是属于东吴统治阶级中最高阶层的贵妇人。大乔是东吴前国主孙策的夫人，当时国主孙权的亲嫂，小乔则是正在带领东吴全部水陆兵马和曹操决一死战的军事统帅周瑜的夫人。她们虽与这次战役并无关系，但她们的身份和地位，代表着东吴作为一个独立政治实体的尊严。东吴不亡，她们绝不可能归于曹操；连她们都受到凌辱，则东吴社稷和生灵的遭遇也就可想而知了。

受《三国演义》的影响，曹操"乱世之枭雄"的形象在中国可以说是妇孺皆知。那么，历史上真实的曹操呢？

曹操（155—220），东汉末年的政治家、军事家、文学家。在政治、军事方面，曹操消灭了北方的众多割据势力，统一了中国北方大部分区域，并实行一系列政策恢复经济生产和社会秩序，奠定了曹魏立国的基础。文学方面，在曹操父子的推动下形成了以"三曹"（曹操、曹丕、曹植）为代表的建安文学，史称建安风骨，在文学史上留下了光辉的一笔。曹丕代汉后，曹操被追谥为"魏武帝"。很明显，曹操无疑是三国两晋时期的文坛领袖。在曹操周围，除曹丕、曹植之外，有建安年间（196—220年）合称为"建安七子"的七位文学家——孔融、陈琳、王粲、徐干、阮瑀、应玚、刘桢；还有七人常聚在当时的山阳县（今河南修武一带）竹林之下，肆意酣畅——嵇康、阮籍、山涛、向秀、刘伶、王戎及阮咸，后世谓之"竹林七贤"。

七、六朝骈文有续篇——初唐文人风貌

初唐时期，有一位才华横溢、志向高远却又恃才傲物的诗人王勃，他因为写了一篇

讽刺当时宫廷斗鸡的文章《檄周王鸡》，被排挤出京城。经受仕途的这一番挫折，王勃还连累其父被贬为交趾县令，远放到南方的蛮荒之地。后王勃去交趾看望父亲，经过南昌。在南昌逗留期间，正赶上都督阎公在滕王阁上举行盛会，目的是想让自己的女婿展示预先写好的一篇《滕王阁序》，又假惺惺地让别人先写，其他文人碍于都督的面子，都不肯贸然下笔，只有王勃没有推辞。后人有这样的记载："王勃著《滕王阁序》，时年二十六。都督阎公不之信。勃虽在座，而阎公意属子婿孟学士者为之，已宿构矣。及以纸笔让宾客，勃不辞让。公大怒，拂袖而起；专令人伺其下笔。第一报云：'南昌故郡，洪都新府。'公曰：'亦是老生常谈！'又报云：'星分翼轸，地接衡庐。'公闻之，沉吟不言。又云：'落霞与孤鹜齐飞，秋水共长天一色。'公矍然而起，曰：'此真天才，当垂不朽矣！'遂即亟宴所，极欢而罢。"

王勃（约650—约676），字子安，汉族，唐代文学家，古绛州龙门（今山西河津）人，出身儒学世家，与杨炯、卢照邻、骆宾王并称为"王杨卢骆""初唐四杰"。

八、佳山盛水乐知音——盛唐山水田园诗

"空山新雨后，天气晚来秋。明月松间照，清泉石上流。竹喧归浣女，莲动下渔舟。随意春芳歇，王孙自可留。"王维的《山居秋暝》为山水名篇，于诗情画意之中寄托着诗人高洁的情怀和对理想境界的追求。

陶渊明等诗人形成东晋田园诗派，谢灵运、谢朓等诗人形成南朝山水诗派，王维、孟浩然等诗人形成盛唐山水田园诗派。诗人们以山水田园为审美对象，把细腻的笔触投向静谧的山林、悠闲的田野，创造出一种田园牧歌式的生活，借以表达对现实的不满，对宁静平和生活的向往。山水诗形成以后，虽然它在不断寻求外部空间的开拓和内部体制的完善，从而在各个不同时代，而有了新的风貌和姿态，但是，道释玄禅的人生情趣和艺术精神，却始终贯穿于山水诗的发展中。随着唐诗繁荣局面的到来，山水诗出现了丽日经天的壮观。王维与孟浩然等继承了陶渊明、谢灵运山水诗的传统，形成了一个与边塞诗派交相辉映的山水田园派。在唐代诗人中，没有哪一个人没有写出自然山水为题材的诗篇，唐代诗人中以山水诗闻名的人也很多，但能代表山水诗成熟的，主要还是孟浩然、王维、李白。到了宋代以后，山水田园诗虽在运用诗化的语言抒情、状物、写景、叙事方面，有行文不拘一格，使人耳目一新之作，但山水诗的境界上子已远远比不上唐朝。

九、秦时明月汉时关——盛唐边塞诗

"葡萄美酒夜光杯，欲饮琵琶马上催。醉卧沙场君莫笑，古来征战几人回？"王翰的《凉州词》以饱蘸激情的笔触，用铿锵激越的音调、奇丽耀眼的词语，定下这开篇的

第一句。"葡萄美酒夜光杯",犹如突然间拉开帷幕,在人们的眼前展现出五光十色、琳琅满目、酒香四溢的盛大筵席。这景象使人惊喜,使人兴奋,为全诗的抒情创造了气氛,定下了基调。

盛唐的边塞诗人除了合称"边塞双绝"的高适、岑参之外,代表人物有王昌龄、王翰、王之涣、李益等。

十、天子呼来不上船——桀骜不驯的诗仙李白

李白过人的才华,使他成为一位名满天下的大诗人。所以就连当时的皇帝唐玄宗也想看一看李白到底是个怎样厉害的人物。于是唐玄宗下诏书请李白到皇宫来相见。听到皇帝召见,李白迈着大步,仰天长笑着走进皇宫,没有一丝拘束紧张的样子。唐玄宗看见李白仪表非凡、气宇轩昂,双目炯炯有神,就像一片朝阳升起在东方,并且他的知识如此渊博,无论问他什么问题,都能对答如流,还能提出很多自己独到的见解。唐玄宗皇帝得到这样一个值得夸耀的文人在身边,高兴得合不拢嘴。但是得到皇帝赞许的李白还是像以前一样潇洒狂放。

李白喜欢喝酒,与他同一个时代的另一位大诗人杜甫有一首诗曾经这样写道:"李白斗酒诗百篇,长安市上酒家眠。天子呼来不上船,自称臣是酒中仙。"传说有一天,皇帝又召见李白,请他起草一份很重要的诏书。恰巧李白刚刚喝完酒,东倒西歪地走到大殿上。他眯着眼往四周看了看,看见站在皇帝身边的一个太监正在很不友好地盯着他,这个太监叫高力士。李白其实早就看不惯这个欺软怕硬的太监,于是趁着这天的酒兴对皇帝说:"皇上,我有个小小的请求,不知您准不准?"皇上因为急着要李白写诏书,便着急地说:"你有什么要求,尽管讲。"李白说:"我刚喝了点酒,因此无法像平常那样很恭敬地写文章。请皇上准许我穿戴随便一点,这样我才能把这篇诏书写得符合您的要求。"皇上想了想,摸着胡子说:"既然这样,我就准许你随便一点吧。"于是,李白伸了个懒腰说:"我穿的鞋太紧了,要换一双松一点的便鞋。"皇帝便立即叫人给他取双便鞋来换。李白趁机向站在一旁的高力士把脚一伸:"给我把鞋脱了!"高力士平时作威作福惯了,在完全没有心理准备的情况下,当惯奴才的高力士膝盖便自然而然地跪了下去,竟给李白把靴子脱了。这一次,李白可给那些受高力士欺负的人出了口气,就连千百年后的人们听到这个故事也觉得痛快呢。

李白(701—762),字太白,号青莲居士,又号"谪仙人",是唐代伟大的浪漫主义诗人,被后人誉为"诗仙",与杜甫("诗圣""诗史")并称为"李杜"。为了与另两位诗人李商隐与杜牧(即"小李杜")区别,杜甫与李白又合称"大李杜"。李白其人爽朗大方,爱饮酒作诗,喜交友。

十一、一蓑烟雨任平生——苏轼超越苦难的文学成就

"心似已灰之木,身如不系之舟。问汝平生功业,黄州惠州儋州。"苏轼的《自题金山画像》可以说是苏轼坎坷一生的写照。苏轼(1037—1101)字子瞻,又字和仲,号"东坡居士",世称"苏东坡"。苏轼是豪放词派的代表,和父亲苏洵、弟弟苏辙合称为唐宋八大家中的"三苏"。因为散文的成就,他是唐宋八大家(韩愈、柳宗元、欧阳修、苏洵、苏轼、苏辙、曾巩、王安石)之一;因为书法的成就,他是北宋书法四大家(苏轼、黄庭坚、米芾、蔡襄)之一;因为诗词的成就,与辛弃疾并称"苏辛"。

苏轼在当时文坛上享有巨大的声誉,他继承了欧阳修的精神,十分重视发现和培养文学人才。当时就有许多青年作家众星拱月似的围绕在他周围,其中成就较大的有黄庭坚、张耒、晁错之、秦观四人(合称"苏门四学士"),再加上陈师道和李廌,合称"苏门六君子"。此外,李格非、李之仪、唐庚、张舜民、孔平仲、贺铸等人,也都直接或间接地受到苏轼影响。

十二、奉旨填词柳三变——婉约柳永的多情

柳永,初名柳三变,婉约派的代表词人。何谓奉旨填词?说来有段来历。据《能改斋漫录》记载,柳永善作俗词,而宋仁宗颇好雅词。一次,宋仁宗临轩放榜时想到柳永《鹤冲天》词中的"忍把浮名,换了浅斟低唱"一句,就说道:"这个人只知道风月上事,就让他去浅斟低唱吧,要浮名做什么?"就这样黜落了他。从此,柳永便纵游青楼酒馆之间,自称"奉旨填词柳三变"。一阕《鹤冲天》给柳永的命运带来了无限的坎坷,一直到他五十四岁,宋仁宗景祐元年才及第进士,后官至屯田员外郎。

寒蝉凄切,对长亭晚,骤雨初歇。都门帐饮无绪,留恋处,兰舟催发。执手相看泪眼,竟无语凝噎。念去去,千里烟波,暮霭沉沉楚天阔。

多情自古伤离别,更那堪,冷落清秋节!今宵酒醒何处?杨柳岸,晓风残月。此去经年,应是良辰好景虚设。便纵有千种风情,更与何人说?

柳永在人生最美好的时光里一直在离去。一阕《雨霖铃》将他的离情别绪刻画得细致入微,凄凉伤感,情动千古。为什么他一直要离开心爱的人呢?这可能与他的生计有关,与他的职业有关。柳永的词被歌手唱红,从歌手那儿分得银两,也是应该。歌手身后也愿意有这样一位著名的词作家。但是流行歌在某一城市不能为他们长期赚得银两,因而,柳永要不断穿行于各大都市,不断依托各大都市中的当红歌手。这就造成了柳永一直在转身离去当中。当然某一都市中他与歌手们合作愉快,日久生情,这是人之常情。在离别之时,难免有离情别恨。柳永在离情别恨的体会上可能无人可及,因为他一直在离别。

柳永是慢词大家。慢词指依慢曲而填写的调长拍缓的词，篇幅较大。宋初，词人擅长和习用的仍是小令。与柳永同时而略晚的张先、晏殊和欧阳修，仅分别尝试写了十七首、三首和十三首慢词，而柳永一人就创作了慢词八十七首。柳永大力创作慢词从根本上改变了唐、五代以来词坛上小令一统天下的格局，使词与小令两种体式平分秋色，齐头并进。这是柳永对宋词的贡献，正因为如此，柳永是宋代词坛上的名人。

柳永的词作题材广泛，尤善写离情别意。他的词铺叙委婉、雅俗并陈，深受时人尤其是市民阶层的欢迎。"凡有井水处，即能歌柳词"，这说明柳词在当时是非常流行的。柳永的词作大多抒发儿女之情，音律婉转和谐，语言圆润清丽，有一种柔婉之美。

柳永性格狂放，仕途坎坷，一生与歌女相映成趣，晚年漂泊流落而死。死后有一大群歌女为他送葬，每年的忌日，有许多怀念他的歌女祭奠他。

十三、才女身世最堪怜——举世难容的才女李清照

李清照晚年的时候无儿无女，无人可传衣钵。一位孙姓友人家的女儿，才十岁但聪明伶俐，李清照非常喜欢。她提出要把自己所有才学倾囊相授，传给这个小姑娘。然而小姑娘回以一句："才藻非女子事！"我真想知道当时李清照是什么表情，听到这样的回应她该是怎样的难过和落寞。而后的故事更是有趣，小姑娘的父亲因此而"奇之"，觉得自家姑娘这回答真是太棒了，太有出息了。

在那样一个十岁小姑娘都知道"才藻非女子事"的时代，李清照这个"异类"要承受多少的误解和非议，实在难以想象。

李清照（1084—约1155），宋代（两宋之交）女词人，号易安居士，济南章丘（今属山东济南）人。她出身于书香门第，早期生活优裕。其父李格非藏书甚富，她小时候就在良好的家庭环境中打下文学基础。出嫁后，她与丈夫赵明诚共同致力于金石书画的搜集整理，共同从事学术研究，志趣相投，生活美满。金兵入据中原后，他们流落南方，赵明诚病死，李清照境遇孤苦。她一生经历了表面繁华、危机四伏的北宋末年和动乱不已、偏安江左的南宋初年。

李清照是中国古代罕见的才女，她擅长书、画，通晓金石，而尤精诗词。她的词作独步一时、流传千古，被誉为"词家一大宗"。她的词分前期和后期。前期多写其悠闲生活，多描写爱情生活、自然景物，韵调优美，如《一剪梅·红藕香残玉簟秋》等；后期多慨叹身世、怀乡忆旧，情调悲伤，如《声声慢·寻寻觅觅》。她的人格像她的作品一样令人崇敬。她既有巾帼之淑贤，更兼须眉之刚毅；既有常人愤世之感慨，又具崇高的爱国情怀。

十四、枯藤老树断肠吟——元曲的辉煌

元曲，或称元杂剧，是盛行于元代的戏曲艺术，为散曲和杂剧的合称。相对于明传奇（南曲），后世又将元曲称为北曲。元曲与宋词及唐诗、汉赋并称。

广义的曲泛指秦汉以来各种可入乐的乐曲，如汉大曲、唐宋大曲、民间小曲等。狭义的曲则多指宋朝以来的南曲和北曲。曲分为戏曲（或称剧曲，包括杂剧、传奇等）与散曲两类，元明以来甚为流行，故后世有元曲之称。而曲同词的体式相近，但一般在字数定格外可加衬字，较为自由，并多使用口语。音乐部分亦有宫调之分，元曲中最常用的有五宫四调。

元曲代表作家有被称为"元曲四大家"的关汉卿、郑光祖、马致远和白朴，他们分别代表了元代不同时期、不同流派杂剧创作的成就。此外，因为"四大名剧"（《桃花扇》《牡丹亭》《西厢记》《长生殿》）中《西厢记》的艺术成就，王实甫在元曲作家中也有着不可或缺的地位。

十五、炼石补天终成梦——曹雪芹的血泪《红楼梦》

"字字看来皆是血，十年辛苦不寻常。"

"满纸荒唐言，一把辛酸泪。都云作者痴，谁解其中味？"

《红楼梦》是中国古典四大名著（《红楼梦》《水浒传》《西游记》《三国演义》）之首，清代作家曹雪芹创作的章回体长篇小说，又名《石头记》《金玉缘》。此书分为120回"程本"和80回"脂本"两种版本系统。

《红楼梦》新版通行本前80回据脂本汇校，后40回据程本汇校，署名"曹雪芹著，无名氏续，程伟元、高鹗整理"。后40回作者尚有争议。

小说以贾、史、王、薛四大家族的兴衰为背景，以贾府的家庭琐事、闺阁闲情为脉络，以贾宝玉、林黛玉、薛宝钗的爱情婚姻故事为主线，刻画了以贾宝玉和金陵十二钗为中心的正邪两赋有情人的人性美和悲剧美。通过家族悲剧、女儿悲剧及主人公的人生悲剧，揭示出封建末世危机。

《红楼梦》是一部具有世界影响力的人情小说作品，举世公认的中国古典小说巅峰之作，中国封建社会的百科全书，传统文化的集大成者。小说以"大旨谈情，实录其事"自勉，只按自己的事体情理，按迹循踪，摆脱旧套，新鲜别致，取得了非凡的艺术成就。

十六、洞幽烛微绘官场——《官场现形记》的"百丑图"

《官场现形记》是晚清四大谴责小说（李宝嘉（ 李伯元）的《官场现形记》、吴沃尧（吴趼人）的《二十年目睹之怪现状》、刘鹗的《老残游记》、曾朴的《孽海花》）之

一，共 60 回，结构安排与《儒林外史》相仿，演述一人后即转入下一人，如此蝉联而下。作品以晚清官场为表现对象，集中描写封建社会崩溃时期旧官场的种种腐败、黑暗和丑恶的情形。书中既有军机大臣、总督巡抚、提督道台，又有知县典吏、管带佐杂，他们或龌龊卑鄙或昏聩糊涂或腐败堕落，构成一幅清末官僚的"百丑图"。

下篇 语文基础

第一章 现代汉语基础

第一节 现代汉语实词、虚词、关联词简表

实词简表

实词：意义较实在，能独立充当句子成分；加上一定的语气语调，一般可独立成句	名词：表示人或事物名称的词	人物名词	如学生、群众、老头、妇女、同志、叔叔、维吾尔族、酒鬼
		事物名词	如笔、杉木、蜗牛、猎豹、奥托、棒球、战斗机、冥王星、思想、中学、物理、过程
		时间名词	如上午、过去、将来、午夜、三更、甲午、世纪
		方位名词	如东南、上面、前方、内部、中间
		处所名词	如北京、武汉、远处
	动词：表示动作行为及发展变化的词	行为动词	如跑、唱、喝、敲、吆喝、盯、踢、闻、听、摸
		发展动词	如生长、枯萎、发芽、结果、产卵
		心理动词	如喜欢、恨、气愤、觉得、思考、厌恶
		存现动词	如消失、显现、有、丢失、幻灭
		使令动词	如使、让、令、禁止、勒令
		能愿动词	如会、愿意、可以、能够、宁可
		相等相属	等于、属于、像、姓、叫
		趋向动词	如来、去、上、下
		判断动词	是（古代汉语中为、乃等也表判断）

续表

形容词：表示事物性质、状貌特征	表形状的	如大、高、胖、瘦、细、壮	
	表性质的	如甜、好、香、漂亮、圆滑、机智、单调	
	表示状态的	如快、浓、满、多、迅速、悄悄	
	表不定数量、时间	如多、少、早、晚	
数词：表示事物数目的词	确数	如1、2、3、一、二、三、壹、贰、叁、二分之一、3.45	
	概数	如几、一些、左右、以下、余	
	序数	如第一、第二、老大、老三、初九、初十	
量词：表示事物或动作的单位	物量词	如个、件、条、斤、斗、棵、块、箱、张、只、元	
	动量词	如趟、遍、次、回、顿、番、场	
	时量词	如天、月、年、季、日、周	
代词：能代替事物名称的词	人称代词	如我、你、他、我们、自己、大家、咱们	
	指示代词	如这、那、这儿、那儿、这里、那里	
	疑问代词	如谁、什么、怎么、哪儿	
	其他代词	如某、每、各、另外、其余、其他	

虚词简表

虚词：不能独立充当句子成分；除了个别副词，一般不能独立成句	连词：连词是用来连接词与词、词组与词组或句子与句子、表示某种逻辑关系的虚词	并列连词	如和、跟、与、同、及	
		承接连词	如至于、说到、此外、如、比方	
		转折连词	如却、只是、不料、岂知	
		因果连词	如因为、由于、因此、以致	
		选择连词	如或、抑、非……即、不是……就是	
		假设连词	如如果、假如、假使、倘若、要是	
		让步连词	如虽然、固然、尽管、纵然、即使	
	介词：用在名词、代词或名词性词组前边，合起来表示方向、对象等 介词口诀：自从以当为按照，由于对于为了到；和跟把比在关于，除了同对向往朝；在名词代词前，修饰动形要记牢	表时间	如从、自、自从、在、当、于	
		表方位	如从、自、往、向、沿着、顺着	
		表方式	如按、按照、依照、根据、通过、经过	
		表对象	如对、对于、向、同、被、把、由	
		表条件	如除、除了	
		表目的	如为、为了、由于	
		表比较	比	
	助词：附着在实词、短语或句子上面表示语法意义	结构助词	如的、地、得	
		时态助词	如着、了、过	
		其他助词	如们、所、似的、第、初、所、连、们、似的	
	语气词：常在句尾表示种种语气，也可以用在句中表停顿。语气词只能附着在别的词语后面		如的、了、吗、呢、吧、啊、呀	

续表

副词：经常用在动词、形容词前面，表示程度、范围、时间、否定、语气、频率等		程度副词	如很、极、非常、太、过
		时间副词	如已、刚、才、忽然、将要、将、要
		频率副词	如又、常常、往往、屡次、再
		肯定否定副词	如一定、必须、未必
		范围副词	如都、全、总、只、仅
		情态副词	如正好、果然、刚好、依然、全然、悄然
		语气副词	如准保、确实、不、没有、岂、难道、尤其、甚至、绝对
		重复副词	如又、再、还、仍
叹词：表示感叹、呼唤、应答的词叫		感叹	如啊、哎呀、唉、哦
		呼唤	喂
		应答	嗯
象声词：模拟声音的词			如乒乓、叮当、哗啦、扑通、呼呼

关联词简表

类型	语法意义	常见关联词
并列关系	几个分句分别说明、描写几种事物，各分句之间意义上可以是相关的，也可以是相对或相反的	一边……一边……；一面……一面……；一会儿……一会儿……；又……又……；那么……那么……；既……又……；有时……有时……；……也……；不是……而是……还
承接关系	几个分句按一定的顺序，相承相连地说下去，表示连续的动作或连续发生的一系列事件	一……就……；起先……后来……；又……就……便……；于是……从而……；……才……；……接着……；……跟着……
递进关系	后面的分句比前面的分句向更重或更大、更深、更难的方向推进一层，分句之间的关系是递进的	不但（不仅、不只、不光）……而且（还、也、又）……；不但……甚至……；不仅……而且……；不但（不仅、不只、不止、不光、不单）……而且……
因果关系	一个分句表示原因或根据，另一个分句表示结果或推论。根据原因和结果顺序的变化，可以分因果关系和倒因果关系，所谓倒因果关系，就是先说出结果，再说出原因	因为……所以……；由于……因此（因而）……；之所以……是因为……；既然……就……；因此（因而、所以）……；……因为……注意："因为……所以……"这种句式的后一分句表示的结果是已经实现或者是可以肯定的事实，而"既然……就……"这种句式的后一分句表示的结果更是推断出来的，要注意两者之间的区别。
选择关系	两个或两个以上的分句说出两件或两件以上的事情或情况，并表示要从中选择一种	是……还是……；不是……就是……；要么……要么……；或者……或者……；与其……不如……；宁可……也不……；宁愿……不愿……注意：运用选择关系的关联词时，用"是……还是……""或者（或是）……"关联词的句子，表示从几项中选择一项，或此或彼，一般语气较灵活，有商量的口气，称为"商选"；用"不是……就是……""要么……要么……"关联词的句子，所表示的选择，语气上更为肯定，较坚决，表示二者必取其一、非此即彼，不容许有第三种选择，称"限选"；用"与其……不如……""宁可……也不……"关联词的句子，表示在列出的事件中经过权衡，已有所取舍，含有舍此取彼的意思，不必再有商量，称为"决选"。

续表

类型	语法意义	常见关联词
转折关系	前后分句的意思相反、相对，后面的分句不是顺着前面的分句的意思向下说，而是拐了个弯，意思上做了个转折	虽然……但是……；尽管……还……；虽（固然、尽管）……但（可是、而、却）……；……但是（可、却、可是、然而、不过、只是、倒、仅、偏）…… 注意：用"虽然……但是……""尽管……还……""虽（固然、尽管）……但（可是、而、却）……"关联词的句子先承认事实，重点在后，转入正意，这种句子转折意思较重。其他关联词的句子转折意思较轻
假设关系	一个或几个分句提出假设的情况，另一个或几个分句说明这种假设的情况实现后会有什么结果	如果（假如、若、倘若、要、要是、要不是）……就（便、那、那么、那就、那就）；……即使（就是、就算、哪怕、纵然）……；……也（还）……； 注意：在"如果……就……"这种格式的句子里，后一分句的意思与前一分句的意思相背，即虽然有了前一分句的假设情况，但并不产生同它相符的结果，前后两个分句意思不一致，有转折的意味，但它并不是转折关系。因为转折关系前面的分句所说的是事实，而这种假设关系前面所说的则是假设情况
条件关系	前一分句提出条件，后面的分句表示在这种条件下所产生的结果	只要……就……；只有……才……；任凭……也……；除非……不……；无论（不论、不管）……都（就、总、总是、也）…… 注意：在"只有……才……""除非……才……""只要……就……"这类格式的句子里，后一分句正是在前一分句提出的条件下产生的后果。而在"无论……都……""任凭……也……"这类格式的句子里，前一分句虽也提出条件，但后一分句所说的结果却并不以前一分句提出的条件为转移，也就是说，在任何条件下都会发生这样的情形，没有例外

第二节　句子的类型及其转换

一、句子

1．句子的概念

句子就是由词或词组构成的，能够表达一个完整的意思的语言单位。其组成形式是"谁（什么）"加"做什么（是什么、怎么样）"。例如：

小明‖在认真学习。　　　他‖是十佳少先队员。　　　小草‖有顽强的生命力。
（谁）　（做什么）　　（谁）　（是什么）　　　　（谁、什么）（怎么样）

2．句子的类型

按照句子的用途、语气，可将句子分为陈述句、疑问句、祈使句和感叹句四种句型。

（1）陈述句。告诉别人一件事的句子，句末用句号。

例：我看了一部电影。

（2）疑问句。向别人提出问题的句子，句末用问号。

例：日子为什么一去不复返呢？

（3）祈使句。向别人提出要求的句子，句末一般用句号，有时也用感叹号。

例：禁止吸烟！

（4）感叹句。表示某种强烈感情的句子，句末用感叹号。

例：我们的生活多幸福啊！

二、陈述句与感叹句之间的转换

将陈述句改为感叹句的方法：一般是先将表示程度的词改为"多么""太""真"等词，再在句末加上感叹词如"啊""哇"等，最后将句号改为感叹号。

三、"把字句"与"被字句"之间的转化

1．了解"把字句"和"被字句"的组成部分

（1）"把字句"的格式：谁（主动者）把（主动行为）什么（被动者）怎么样（动作部分）。

例：他把我的手机拿去了。

（2）"被字句"的格式：什么（被动者）被（被动行为）谁（主动者）怎么样（动作部分）。

例：我的手机被他拿去了。

2．"把字句"和"被字句"的互换方法

"把字句"和"被字句"的互换方法：先找出句中的"主动者"和"被动者"，再"主被换位，把被互换，动作部分照抄"即可。

3．举例

风把树叶吹落了。（把字句）　→　树叶被风吹落了。（被字句）
水被弟弟喝了。（被字句）　→　弟弟把水喝了。（把字句）
他把小鱼扔进大海里。（把字句）　→　小鱼被他扔进大海里。（被字句）
水被太阳蒸干了。（被字句）　→　太阳把水蒸干了。（把字句）

四、反问句与陈述句之间的转换

1．反问句改成陈述句

（1）有否定词的反问句改成陈述句。

例：这不是伟大的母爱吗？

这句话里有一个否定词"不"，改成陈述句时，先将否定词去掉，再把表示反问语

气的"吗"去掉，最后把句末的问号改成句号。原句应改为：这是伟大的母爱。

（2）无否定词的反问句改成陈述句。

例：谁见过这么美丽的花呢？

这句话里动词"见"前没有否定词，改成陈述句时要加上否定词。原句应改为：谁也没有见过这么美丽的花。

（3）有疑问语气词的反问句改成陈述句

例：难道你要相信这是真的吗？

这句话改成陈述句时，要去掉疑问语气词"难道"，并且加上否定词"不"。原句应改为：你不要相信这是真的。

2．陈述句改成反问句

陈述句改为反问句一般可以分为三步：

（1）加上疑问词"怎么能……呢"或者"难道……"等。

（2）有"不"字的去掉"不"，没有"不"字的加上"不"。

（3）句号改为问号。

例：

我要称赞这朵花的美丽。　　→　　我怎么能不称赞这朵花的美丽呢？

这本书不会是你的。　　　　→　　这本书难道是你的吗？

五、直接陈述句与间接陈述句的转换

直接陈述是说话人与听话人之间面对面的对话，用第一人称的方式来表达自己的意思。间接陈述是说话人转述别人的话给听话人听，说话人站在第三者的角度。

1．将直接陈述句改成间接陈述句

（1）改标点：先将直接陈述句的双引号去掉，然后改冒号为逗号。

（2）改人称：将第一人称改成第三人称，即将"我""我们"改成"他""他们"。如果是第二人称，要将"你""你们"改成"他""他们"。

（3）调整：检查标点和人称是否合理，如果不合理要进行调整。

2．将间接陈述句改成直接陈述句

（1）改标点：添加双引号，改逗号为冒号。

（2）改人称：将第三人称改成第一人称，如果有两个第一人称，要将第二个第一人称改成第二人称。

（3）调整：即最后检查一下标点和人称是否合理，适当调整不合理的地方，让句子更通顺。

例：妈妈说，她明天送给我一件生日礼物。

改成直接陈述句为：妈妈说："明天我送给你一件生日礼物。"

六、缩句

缩句就是分析句子的成分，把结构比较复杂的句子中的修饰、限制和补充说明的成分去掉，只保留主要成分的意思。简单来说，缩句就像把一棵树的枝叶都去掉，只留下树的主干一样。

1．缩句的方法

（1）去"枝"留"干"。凡是用来进行修饰或限制的词都尽量去掉，包括形容词、数量词及表示程度、时间、地点的词。

例：二十四只草船的草把子插满了曹军射过来的箭。

缩句：草把子插满了箭。

（2）借助"的、地、得"。这是最简单的方法，把"的、地"前面的词语删除，去除"得"后面的词语。

例：矫健的雄鹰飞了起来。

句中的"矫健的"用来修饰"雄鹰"，可以删去。缩句：雄鹰飞了起来。

例：弟弟高兴得跳了起来。

句中"跳起来"是对"高兴"的程度进行补充说明的，可以删去。缩句：弟弟高兴。

（3）"自我提问"法："谁""做什么"。

例：初一（2）班的学生正在认真地听课。

"谁"：学生；"做什么"：在听课。

缩句：学生在听课。

（4）留住句子中的"着、了、过"。"着，了，过"是时态助词，助词在句子中没有独立性，是不能删的。

例：他勇敢地跨过了这条小沟。

缩句：他跨过了小沟。

（5）去掉"在……（中、里、上、下……）"表示特定环境和语言的词语。

例：我们在参与雷锋活动的过程中，取得了好的成绩。

缩写：我们取得了成绩。

2. 缩句注意事项

（1）缩句不能改变原句的主语。

例：广场上千万盏灯静静地照耀着天安门广场周围的宏伟建筑。

缩句：A．灯照耀着建筑。

　　　B．广场上灯照耀着宏伟建筑。

　　　C．广场上灯照耀着建筑。

分析：缩句最重要的是不能改变原句的意思，特别是不能改变原句陈述的对象，即主语。另外，还要让压缩后的句子基本上像句话，不能缩得过分简略。

原句说的是"广场上"怎么样，而不是"灯"怎么样，A句改变了主语，当然也就改变了原句的意思；C句基本正确，但缩得过分简略。因此，B句是最佳答案。

（2）缩句不能改变原句的谓语。

例：夏天，老人们都爱到河边的树荫下钓鱼。

缩句：A．老人们钓鱼。

　　　B．夏天，老人们爱钓鱼。

　　　C．夏天，老人们爱到树荫下钓鱼。

分析：缩句既不能改变原句的主语，也不能改变陈述主语的谓语，缩句只能压缩掉次要成分，如果是属于主要成分的词语，也不能压缩掉。

原句是说"夏天"怎么样，"老人们"爱好干什么，"爱好钓鱼"不等于"钓鱼"，A句明显改变了句子的意愿；这个句子是说老人们爱好什么，并不是说他们干什么。

B句把"到树荫下"误认为"钓鱼"的状语压缩掉了，其实"到树荫下"和"钓鱼"是两个连续的动作，都不能压缩掉。因此，C句是最佳答案。

（3）缩句不能改变原句的结构。

例：灰黑色的鸬鹚整齐地站在船舷上，像列队的士兵在等待命令。

缩句：A．鸬鹚站在船舷上，在等待命令。

　　　B．鸬鹚站在船舷上。

　　　C．鸬鹚站在船舷上，像士兵。

　　　D．鸬鹚站在船舷上，像士兵等待命令。

分析：缩句不能改变原句的结构，如果原句是复句，压缩后应当还是复句。

原句是一个复句，前面的分句说鸬鹚站立的动作，后面的分句说它像什么。A句前半部分正确，后半部分把后面分句的主要动词"像"压缩掉了，把"等待命令"的主体"士兵"变成了鸬鹚，不符合原句意思；B句把原句砍掉了一半，当然更不行；C句没有把后面分句的意思表达完整，"等待命令"不能压缩。因此，D句是最佳答案。

（4）缩句不能把表示处所的词语改为表示事物的名词。

例：三颗大海棠树上开满了红红的花。

缩句：A．海棠树上开满了花。

　　　B．海棠树开花。

　　　C．海棠树开满了花。

分析：句子陈述的对象（主语），有的是人或事物，有的是某个处所，有时虽然只有一字之差，但所指却不一样，如"学校"和"学校里"。缩句时不能因为意思差不多就把表示处所的词语改为表示事物的词语。有一些补语和动词结合得很紧密，特别是那些短小的甚至只有一个字的补语，缩句时不宜缩掉。

原句主语的中心词是"海棠树上"，而不是"海棠树"；谓语动词"开"后面有一个简短的补语"满"。B 句改变了主语，缩去了简短补语，使句子失去了确定的时态，压缩后的句子意思不是很明确，表达不出"海棠树上开满了花"的意思；C 句改换了主语。因此，A 句是最佳答案。

（5）缩句不应当缩掉必要的简短补语。

例：岸边的柳树上挂满了亮晶晶的冰条儿。

缩句：A．柳树上挂满了冰条儿。

　　　B．柳树挂满了冰条儿。

　　　C．柳树上挂冰条儿。

　　　D．树挂冰条。

分析：B 句改换了主语；C 句缩去了不应当缩掉的简短补语"满"；D 句过分简单，不像句子也不像短语。因此，A 句是最佳答案。

（6）缩句时要保留必要的否定词。

例：生活在海洋中的鲸不是鱼类。

缩句：A．鲸是鱼类。

　　　B．鲸不是鱼类。

分析：原句是否定句，缩句时要保留否定词。因此，B 句是最佳答案。

练　习

1．受惊吓的刺猬在镇外的葡萄园里像个刺球紧紧地缩成一团。

2．渔夫的妻子桑娜坐在火炉旁边补一张破帆。

3．巨大的条石和城砖筑成了高大坚固的万里长城。

4．这样气魄雄伟的工程是一个伟大的奇迹。

5．雪白的小兔在田野里飞快地跑来跑去。

第三节　常见病句及修改

一、成分残缺

　　句子的基本成分是主语、谓语，有的谓语不带着宾语，如果一句话里缺少其中之一，意思表达就不完整、不明确。这就是成分残缺。

　　一般来说，成分残缺有三种情况：①主语、谓语、宾语残缺；②必要的修饰语残缺；③关联词残缺。对于此类病句，我们只要按"谁干什么"或"什么怎么样"的格式去检查，就可以发现缺少什么成分。只要知道了缺少什么成分，就可以"对症下药"进行修改。

　　例1：为了班集体，做了很多好事。

　　谁做了许多好事？表达不明确，这个句子缺少主语。

　　例2：少先队员们积极响应学习雷锋。

　　"响应"一般与"号召"搭配在一起，不能说响应学习雷锋，因此改为：少先队员们积极响应学习雷锋的号召。

　　例3：这种不爱护公物应该受到批评。

　　这一句中缺少主心语，应在"公物"后面添上"的行为"三个字。

　　例4：他穿着一件灰色上衣，一顶蓝色帽子。

　　这一句第二分句缺少谓语中心语（谓语动词），应在"一顶"前添上"戴着"二字。

　　例5：听了他的报告，给了我很大的启发和教育。

　　这句缺主语，可删去"听了"，让"报告"作"给了"的主语。

二、用词不当

　　我们在说话、写文章时，应恰当地选用词语，否则就容易在词义范围大小、褒贬等方面使用不当，特别是近义词、关联词用错，造成病句。

　　例1：他做事很冷静、武断。

　　"武断"是贬义词，用得不当，应改为"果断"。

　　例2：她喜欢一个人在平静的环境里看书。

　　应将"平静"改为"安静"。

　　例3：校园里屹立着一棵白杨树。

　　应将"屹立"改为"挺立"。

　　例4：升旗仪式开始了，鲜红的五星红旗徐徐上升。

　　应将"鲜红"改为"鲜艳"。

三、搭配不当

句子中的主谓之间、谓宾之间，主宾之间、主要成分和附加成分之间，都要搭配正确。句子中某些词语在意义上不能相互搭配或者是搭配起来不合事理，违反了语言的习惯，就会造成病句。

例1：早晨，金灿灿的太阳光从地平线上冉冉升起。

应去掉"光"字。

例2：在联欢会上，我们听到悦耳的歌声和优美的舞蹈。

"听到"与"优美的舞蹈"显然不能搭配，应改为"在联欢会上，我们听到悦耳的歌声，看到优美舞蹈"。

例3：中国残疾人艺术团在 2005 年春节联欢晚会上演出的大型音乐舞蹈《千手观音》，接受了全国观众的好评。

应将"接受"改为"受到"或"得到"。

四、语序混乱

在一般情况下，一句话里面的词序是固定的，词序变了，颠倒了位置，句子的意思就会发生变化，甚至造成病句。

例1：语文对我很感兴趣。

"语文"和"我"的位置颠倒了，应改为"我对语文很感兴趣"。

例2：我们必须发扬和坚持刻苦学习的精神。

应将"发扬和坚持"改为"坚持和发扬"。

例3：同学们迈着整齐的步伐，排着整齐的队伍向大操场走去。

应将"迈着整齐的步伐"与"排着整齐的队伍"的次序对换。

五、前后矛盾

在同一个句子中，前后表达的意思自相矛盾，就会造成了语意不明。

例1：我估计他这道题肯定做错了。

前半句估计是不够肯定的意思，而后半句又肯定他错了，便出现了矛盾，使人不清楚到底情况如何。此句可以改为"我估计他这道题做错了"或"我断定他这道题做错了"。

例2：开班会前三分钟，全班同学基本上全部到齐了。

应去掉"基本上"或"全部"。

例3：昨天傍晚下了一夜大雨。

应将"傍晚"去掉，或者将"一夜"改为"一场"。

例4：我猜他肯定是一个六年级学生。
应将"肯定"去掉。

六、重复啰唆

句子既要完整、正确，又要简洁、明了。不恰当地连续使用几个形容词，或者堆砌一些不必要的附加成分，都会弄巧成拙，造成句子意思重复、啰唆累赘。

例1：他兴冲冲地跑进教室，兴高采烈地宣布了明天去春游的好消息。
句中"兴冲冲"和"兴高采烈"都是表示他很高兴的样子，可删去其中一个。
例2：上课时，同学们都全神贯注、聚精会神地听讲。
去掉"全神贯注"或"聚精会神"。
例3：那个房间非常宽敞得很。
去掉"非常"或"得很"。
例4：松树屹立在陡峭的险峰上。
去掉"陡峭的"，或将"险峰"改为"山峰"。
例5：那个三条边的三角形画好了。
去掉"那个三条边的"。

七、不符逻辑

句子中某些词语概念不清，使用错误，或表达的意思不符合事理，也容易造成病句。

例1：稻子成熟了，田野上一片碧绿，一派丰收的景象。
稻子成熟时是一片金黄色，而本句中形容一片碧绿，不合事理。
例2：他异口同声地说："这里的风景真美。"
应去掉"异口同声地"。
例3：这明月高悬、繁星满天的夜空真美。
应去掉"明月高悬"或"繁星满天"。

八、分类不当

分类不当指句子中词语的概念不清，属性不当，范围大小归属混乱。
例1：万里长城、故宫博物院和南京长江大桥是中外游客向往的古迹。
这里的"南京长江大桥"不属于"古迹"，归属概念不清，应改为"万里长城、故宫博物院是中外游客向往的古迹"。
例2：《中国少年报》《小主人报》《儿童时代》等报纸，我都很喜欢。
应去掉《儿童时代》，或者将"报纸"改为"报刊"。

例3：幼儿园经常给我们吃哈密瓜、西瓜、苹果、冬瓜等水果。
一般来说，冬瓜属于蔬菜类，不应出现在水果一项。
例4：学校的体育室摆满了足球、排球、篮球、地球仪等体育器材。
地球仪不属于体育器材。

九、指代不明

说话写话时，为不避免重复，我们常常使用一些代替人或事物名称的词语——代词，如我、你、他、它、这、那等。代词不能滥用，如果不该用的时候用了，或者用得不正确，就会产生指代不明的毛病。

例1：中午，许敏和童林一起上学，他问他下午的班会将讨论什么问题。
句中出现两个"他"，不知道是指许敏还是童林，因此改为：中午，许敏和童林一起上学，许敏问他下午的班会将讨论什么问题。

例2：刘明和陈庆是好朋友，他经常约他去打球。
应将"他经常约他去打球"改为"刘明经常约陈庆去打球"。

例3：哪里有困难，他就出现在那里。
应将"出现在那里"改为"出现在哪里"。

十、关联词误用

复句中，我们一般用关联词把各分句连接起来表达一定的关系。如果不根据实际情况而乱用、错用关联词语，也会造成病句。

例1：不但黄山是个风景优美的地方，而且我很想去游览一下。
这句话构不成递进关系而是因果关系。因此，要把关联词"不但……而且……"改为"因为……所以……"。

例2：你只有认真刻苦地学习，就能取得良好成绩。
句子中"只有……就……"关联词搭配不当，应改为"只有……才……"。

十一、用错标点

标点起停顿、调节句缓急轻重等作用，如果不根据实际情况使用，会造成病句。
例：我们看了"闪闪的红星"这部电影。
改为：我们看了《闪闪的红星》这部电影。

练 习

1. 下面语句有语病，请修改。

我国自主研发的"极视 1 号"无人机，飞行大约 1 小时左右就可采集 2000 亩地面空间的信息。

2．修改病句。

（1）遵义的夏天是美丽的城市。

（2）在这次长征故事进校园主题活动中，让我们了解到更过革命先烈的事迹。

3．下面一段话中有两处语病，请找出来并写出修改意见。

①随着全民健身事业的大力推进，令越来越多的科技手段应用到体育产业中。②花样翻新的运动软件，为健身者量身定制健身计划。③这些软件通过视频等方式传承健身技能，为人们健身提供了便利。

（1）第____句，修改意见：_____

（2）第____句，修改意见：_____

4．下面语句有两处语病，请将改正后的句子写在横线上。

_____

多部门联合开展了一系列"满足阅读需要，繁荣文学创作"的活动，并且制定了工作方法。

5．下面一段话中有三处语病，请找出来并写出修改意见。

①在第 45 个世界环境日到来之际，某市开展了以"既要'金山银山'，也要'绿水青山'"为主题的环保会议。②会上通报了大约 10 个左右排污超标的企业。③有关部门责令这些企业立即进行整改并停止破坏行为。

（1）第____句，修改意见：_____

（2）第____句，修改意见：_____

（3）第____句，修改意见：_____

6．下面有四个句子，不是病句的不要动它，你只修改病句。

（1）他对工作认真负责，虽然身在病中，但他无时无刻不忘学校给他的任务。

（2）看到他被雨水浇得像个落汤鸡，大家都忍俊不禁。

（3）有些人非常酷爱玩手机，结果功课学得完全一塌糊涂。

（4）教育局号召各学校行动起来，做好校园安保工作，防止校园安全事故再次发生。

7．按照要求修改下面这段文字。

①一个勇敢自救的人，不仅遇到怎么的险阻，都不会放弃对成功的追求。②当你在艰难的境地里勇往直前的时候，哪怕你只有一根可以活动的手指，只要一气呵成地用它去敲击成功之门，总有一天，会敲开那扇门。③在这个世界上，除非你自己放弃，否则没有雷电可以击垮你，没有可以吞没你的巨浪，没有荆棘可以阻挡你。

（1）在①句中，有一处关联词使用有误，你的修改建议是：_____

(2) 第②句中，有一个成语使用错误，它是＿＿＿＿，应改为：＿＿＿＿＿＿＿＿
(3) 第③句中，有一处语言结构不当，使语句不够顺畅，应改为：＿＿＿＿＿＿＿＿

8. 下面这则公告在格式、表达上有多处不妥当，请找出三处并改正。

公　告

尊贵的各位旅客们：

　　牡丹公园即将迎来开园后的第一个"十一"长假。据景区办公室了解到，假期各天的门票预均订可能超过 2.9 万张。景区最大接待量为 3 万人次/天，我们依据《旅游法》的相关规定，即日起不再接受门票预订。对此，我们深表歉意，希望大家予以执行。

　　特此公告。

2017.9.10
牡丹公园风景区管理委员会

9. 下列句子中没有语病的一项是（　　）。

A．走进滨州玫瑰园，看到的是美丽的花海和沁人心脾的花香。

B．能够彻底治理环境污染，留住碧水蓝天，关键在于有关部门严格执法。

C．在优秀文学作品的影响下，你会发现自己少了一份庸俗，多了一份雅致。

D．为了避免今后不再发生类似的交通交通，我们必须严格遵守交通规则。

10. 下列句子中没有语病的一项是（　　）。

A．在《出彩中国人》栏目中，让人眼花缭乱的歌声和绚丽的舞台赢得广大观众的点赞。

B．邵阳的山水孕育了勤劳善良的邵阳人，也孕育了特有的"霸得蛮"的邵阳精神。

C．为了创建文明卫生城市，市政府向全市人民发出了"从我做起，从点滴做起"。

D．为了防止教育"三乱"事件不再发生，市教育局采取了一系列有力措施。

11. 下列句子中，句意明确、没有语病的一项是（　　）。

A．岳阳的东洞庭湿地，是候鸟栖息的天堂，每年有近 5 万只左右的候鸟在此过冬。

B．岳阳市志愿者人数已超过 60 万，一直以来，他们提供的无私奉献不仅有助于社会和谐，更有助于受助者。

C．2016 年 4 月 4 日，在意大利博洛尼亚国际童书展上，曹文轩荣获世界儿童文学最高奖——国际安徒生奖。

D．湖南省特色志《岳阳楼志》讴歌了有识之士先忧后乐，是一本汇集岳阳楼历史和现状的资料性著述。

12. 下列句子无语病的一项是（　　）。
    A．通过开展"三创一建"活动，使毕节市环境卫生状况有了很大改变。
    B．全班同学都去参加阳光体育活动，只有我没有去。
    C．李爷爷种的辣椒基本上全部卖完了。
    D．为了防止再出事故，各个单位都加强了安全保卫工作。

13. 下列各句中，没有语病的一项是（　　）。
    A．又到酷暑时节，学校再次发出不要到陌生水域游泳，更不要独自一人去游泳。
    B．好读书，读好书，形成习惯，你就可以与智慧结伴而行，与高尚朝夕相处。
    C．一个人能够约束自己的言行，不但要靠严明的纪律，还要靠自己的品德修养。
    D．即使每天锻炼一小时，健康快乐才能伴你一辈子，因为好体魄是成功的前提。

第四节　常见修辞的功能与判断

语文中常见的修辞手法有九种，分别是比喻、比拟、借代、夸张、对偶、排比、设问、反问、引用。

一、比喻

比喻（打比方）由三部分构成：本体、喻体、喻词（比喻和拟人最大的不同在于比喻含有喻体，而拟人没有）。其关键词有像、如、仿佛、犹如、似、一样、好比、是、变成等。

例1：月亮像玉盘。（明喻）

例2：这里变成了花的海洋。（暗喻）

例3：这些可恨的老鼠，拿走了他家全部的钱。（暗喻）

比喻的作用：①生动、形象地写出事物的的特点，给人以鲜明的印象；②议论文中，化抽象为具体，使深奥的道理变得浅显易懂。

二、比拟

（1）拟人：把物当作人写，赋予物以人的动作、行为、思想、感情、活动，用描写人的词来描写物。

拟人的作用：把禽兽鸟虫花草树木或其他无生命的事物当成人写，使具体事物人格化，生动形象地写出事物的特点，能使读者对所表达的事物产生鲜明的印象。

（2）拟物（借物喻人）：①把人比作物，或把此物当作彼物来写；②把甲事物当成乙事物来写。

拟物的作用：突出表现人物的某种品质。

（3）比拟举例。

例1：春天像个害羞的小姑娘。

例2：风儿唱着歌，唤醒了沉睡中的大地。

例3：落叶随着风高低起舞。

三、借代

（1）部分代整体，即用事物具有代表性的部分代本体事物。

例：两岸青山相对出，孤帆一片日边来。（《望天门山》）

此句用船的一部分"帆"来代替船。

（2）特征代本体，即用借体（人或事物）的特征、标志去代替本体事物的名称。

例：那群红领巾从校门口飞了出来！

（3）具体代抽象。

例：南国烽烟正十年。（《梅岭三章》）

"烽烟"原是古代边境用以报警的烟火，这里代指战争，把战争这个抽象的概念具体化、形象化了。

（4）专名代泛称，用具有典型性的人或事物的专用名称代替本体事物的名称。

例：你们杀死一个李公朴，会有千百万个李公朴站起来！（《最后一次讲演》）

句中第二个"李公朴"，代指不怕流血牺牲、为争取民主和平而战斗的人。

借代的作用：能起到突出形象，使之具体、生动的效果。

四、夸张

例1：飞流直下三千尺，疑是银河落九天。

例2：他的声音特别大，简直能震破玻璃。

例3：我饿得能吃一头大象。

作用：更好地突出事物的特征，引起读者的强烈共鸣。

五、对偶

例1：良言一句三冬暖，恶语伤人六月寒。

例2：少壮不努力，老大徒伤悲。

对偶的作用：语言上简练工整；形式上节奏感强，具有音律美；内容上概括力强。

六、排比

排比由三个或三个以上的、相同句式构成。

例1：善思则能"从无字句处读书"。读沙漠，读出了它坦荡豪放的胸怀；读太阳，读出了它普照万物的无私；读春雨，读出了它润物无声的柔情；读大海，读出了它气势磅礴的豪情；读石灰，读出了它粉身碎骨不变色的清白。

例2：生活是一杯酒，散发着迷人的醇香；生活是一本书，蕴涵着深刻的哲理；生活是一首歌，奏着高低不一的音符；生活是一首诗，充满着"大江东去浪淘尽"的豪情。

例3：如果说生命是一本书，那么时间则是一支笔，书写着人生；如果说生命是一张白纸，那么时间则是一把颜料，描绘着人生；如果说生命是一条长河，那么时间则是涌动的波涛，推动着人生；如果说生命是一棵树，那么时间则是一片片绿叶，充实着人生；如果说生命是一扇门，那么时间则是一把钥匙，开启着人生；如果说生命是一杯咖啡，那么时间则是一袋佐料，调味着人生；如果说生命是一场戏，那么时间则是无名主人公，演绎着人生；如果说生命是一幅画，那么时间则是调色盘，渲染着人生；如果说生命是一匹快马，那么时间则是一块绿地，承受着人生；如果说生命是一块绿地，那么时间则是一场春雨，滋润着人生。

排比的作用：增加语势，起强调作用，强烈表达作者的思想感情。

议论文往往用排比增加语势，起到强调论证观点的作用。用来说理，排比可把道理阐述得更严密、更透彻；用来抒情，排比可把感情抒发得淋漓尽致。

七、设问

设问的形式为自问自答，明知故问。

例1：什么叫自律？自律就是自己管束自己的行为。

例2：这人是谁？不是别人，原来是小明。

例3：数学真的很难吗？我看不是。

设问的作用：引起读者兴趣和思考。在结构上还起到引出下文、承上启下、使条理清晰的作用。

八、反问

反问以否定的形式表示肯定，只问不答，答案暗含在反问句中。

例1：钓鱼岛怎么就不是中国的？

例2：难道你连这都不想干？

例3：他怎么能这么夸人呢？

反问的作用：加强语气，增强气势和说服力；引起读者思考，加深读者印象，激发读者感情。

九、引用

引用即用现成的话（成语、诗句、名言、典故等）来提高语言的表达效果。
例：都说"天生我材必有用"，所以我们一出生就有着独特的价值。
作用：使论据确凿充分，增强说服力，给读者留下深刻的印象。

练习

1. 没有使用比喻修辞方法的是（   ）。
    A．母亲只是中国千百万劳动人民中的一员，但是，正是像母亲这样的劳动人民，才是中国历史的创造者。
    B．"吹面不寒杨柳风"，不错的，像母亲的手抚摸着你。
    C．汽车在望不到边际的高原上奔驰，扑入你的视野的，是黄绿错综的一条大毡子。
    D．海燕像黑色的闪电，在高傲地飞翔。
2. 选出修辞分析正确的一项（   ）。
老圃种菜，一畦菜怕不就是一首更清新的诗？
    A．夸张、设问   B．比喻、设问   C．夸张、反问   D．比喻、反问
3. 对下列句子运用的修辞方法，分析正确的一组是（   ）。
①千里冰封，万里雪飘。
②是谁创造了人类世界？是我们劳动群众。
③当而不说，背后乱说，开会不说，会后乱说。
④我们共产党人好比种子，人民好比土地。
    A．明喻、设问、对比、对偶   B．对比、设问、对偶、明喻
    C．对偶、设问、对比、明喻   D．对偶、对比、设问、明喻
4. （   ）不是对偶句。
    A．北通巫峡，南极潇湘   B．朝晖夕阴，气象万千
    C．衔远山，吞长江   D．日星隐耀，山岳潜形
5. 指出下列各句所用的修辞方法：_____
    A．太阳刚一出来，地上已经像下了火。
    B．黄家就是鬼门关。
    C．南国烽烟正十年。

D．有的人活着，他已经死了；有的人死了，他还活着。

6．修辞方法归类正确的一项是（　　）。

①在我们的脚下，波浪轻轻吻着岩石，像朦胧欲睡似的。

②头顶着蓝天大明镜，延安城照在我心中。

③朱门酒肉臭，路有冻死骨。

④又只一拳，太阳上正着，却似做了一个全堂水陆的道场，磬儿、钹儿、铙儿一齐响。

⑤说的是马克思主义，行的是自由主义；对人是马克思主义，对己是自由主义。

  A．①②｜③④｜⑤　　　　　　B．①｜②③｜④⑤

  C．①｜②③④｜⑤　　　　　　D．①②③｜④⑤

7．仿照例句，用"百灵鸟"一词造两个句子。

例：圆规

①她两手搭在髀间，没有系裙，张着两脚，正像一个画图仪器里细脚伶仃的圆规。

②圆规愤愤的回转身。

百灵鸟

①_____

②_____

8．对下列句子运用的修辞手法及其作用分析不正确的一项是（　　）。

  A．那又浓又翠的景色，简直是幅青绿山水画。

    运用比喻的手法，描绘出了荔枝树林夜色的浓郁和美好。

  B．狂风紧紧抱起一层层巨浪，恶狠狠地把它们甩到悬崖上。

    运用拟人的手法，突出了大海涨潮时的有力气势。

  C．世间还能有比这更居心险恶的事情吗？我是一辈子没有到过蒙大拿的。

    通过设问，揭露了资本主义自由竞选的虚伪性。

  D．花下也缺不了成群结队的"清国留学生"的速成班，头顶上盘着大辫子，顶得学生制帽的顶上高高耸起，形成一座富士山。

    通过夸张和比喻，写出了清朝留学生可笑的打扮和丑态。

9．下列句子中使用修辞方法最少的一句是（　　）。

  A．风声、雨声、读书声，声声入耳；家事、国事、天下事，事事关心。

  B．一棵新芽简直就是一颗闪亮的珍珠。

  C．好个国民党政府的"友邦人士"！

  D．丰年好大"雪"，珍珠如土金如铁。

10．下面的诗句运用的修辞方法有（　　）。

山舞银蛇,原驰蜡象,欲与天公试比高。

    A．夸张、对偶、比喻　　　　　B．对偶、比喻、拟人

    C．夸张、对偶、拟人　　　　　D．对偶、比喻、排比

11．下列诗句中运用了不同修辞方法的一项是（　　）。

    A．泪眼问花花不语,乱红飞过秋千去。

    B．问君能有几多愁,恰似一江春水向东流。

    C．绿杨烟外晓寒轻,红杏枝头春意闹。

    D．沙上并禽池上暝,云破月来花弄影。

12．在横线上写一句子,使之构成结构整齐、内容关联的排比句。

你用精神的食粮塑造了我的灵魂,你用知识的泉水浇灌了我的心田,_____,你用爱心的春分温暖了我的世界。

13．仿照下面的句式,再写一个关于语文的比喻句。

有人说,语文是一本永远读不完的微型百科全书;有人说,语文是一个折射人生的多彩世界;有人说,_____。

14．对下列句子使用的修辞判断错误的一项是（　　）。

    A．老头子狠狠地说:"为什么不能？"（反问）

    B．多水的江南是易碎的玻璃,在那儿,打不得这样的腰鼓。（比喻）

    C．布谷鸟开始唱歌,劳动人民懂得它在唱什么:"阿公阿婆,割麦插禾。"（拟人）

    D．一会儿翅膀碰着波浪,一会儿箭一般地直冲向乌云,它叫喊着,——就在这鸟儿勇敢的叫喊声里,乌云听出了换了。（排比）

15．下列句子没有使用修辞的一项是（　　）。

    A．海内存知己,天涯若比邻。

    B．鸟儿将巢安在繁花嫩叶当中,高兴起来了,呼朋引伴地卖弄清脆的喉咙,唱出宛转的曲子,跟轻风流水应和着。

    C．我难道就没有应该责备自己的地方吗？

    D．天上乌云密布,似乎要下雨了。

16．对下面文段中有关修辞方法作用的分析,有误的一项是（　　）。

人为什么要读书呢？书,可以唤醒沉睡的心灵,可以引领迷惘的灵魂。一本好书,就是一个崭新的世界。读艾青的诗歌,我坚定了不断前行的信念;读史铁生的散文,我鼓起了直面人生的勇气;读托尔斯泰的小说,我充满了对精神家园的憧憬……读书,就像用麦管吮吸甘露,让人欣喜,让人着迷。还有什么比读书更能产生令人陶醉的内心体验呢？

A. 文段开头运用设问，自问自答，强调了书对人的思想的启迪和引领作用，有助于启发读者的思考。

B. 文段中运用"读……，我……"的排比句式，语势强烈，意在突出读书带给"我"的力量，让"我"有更高的追求。

C. 文段中"读书，就像用麦管吮吸甘露"运用比喻，生动地写出了阅读给人带来的惬意感受。

D. 文段结尾运用反问，加强语气，强调了阅读能使人内心世界更丰富、精神境界更高尚的原因。

17. 对下列句子运用修辞方法判断正确的一组是（   ）。

① 杜鹃花开遍山野，香飘万里。
② 姑娘银铃般的笑声也跟着响起来。
③ 不读书，无以知窗外的精彩；不读书，无以知世界的宽广；不读书，无以知文化的力量。
④ 微风唤醒了沉睡的种子。

  A. 比喻、夸张、排比、拟人   B. 拟人、夸张、排比、比喻
  C. 夸张、拟人、排比、比喻   D. 夸张、比喻、排比、拟人

18. 某语文老师为党的九十一华诞献礼，拟写了一副对联，上联是"蛟龙入海长民族志气"。能够作为下联的是（   ）。

  A. 神舟飞天扬国家声威   B. 天宫对接显民族风范
  C. 嫦娥奔月展神州风采   D. 航母漂洋彰中国威力

19. 拟写标语。为营造书香校园氛围，请你以读书为话题拟写条标语。要求至少使用一种修辞手法。

20. 赏评广告。

例：共担风雨，分享阳光。（天气预报广告）

赏评：运用了对偶和双关的修辞手法，句式工整流畅，语意含蓄生动。"风雨"与"阳光"既指天气现象，又指人生的坎坷与顺境。"共担"与"分享"两个动词，又体现了责任与关怀，饱含人间温情。

请你赏评（任选一则）：
① 随手关灯一小步，节约能源一大步。（节能广告）
② 滴答水声，唤你轻轻一拧。（节水广告）

21. 下列拟写的对联不符合对偶的一项是（　　）。
    A．旗开得胜，马到成功　　　B．风云三尺剑，花鸟一床书
    C．室雅何须大，花香不在多　　D．竹菊梅兰可养性，琴棋书香养耐性
22. 仿照示例，在"月亮""雨水""桥"中任选一个为对象，从两个不同的角度进行描写。要求符合对象特点，恰当运用修辞。
    【示例】筷子：①一对恩爱夫妻，共同品尝酸甜苦辣。②总是挑挑拣拣，到头来却两手空空。
23. 下列语句中没有使用修辞手法的一项是（　　）。
    A．春月是一只青春鸟，驮着幽幽夜色，栖落在古城的檐角。
    B．命运即使让你错过了夕阳，也必将让你看到满天的彩霞；命运即使让你错过了月亮，也必将让你看到满天的星星。
    C．大家都很喜欢他，因为他长得好像是周杰伦。
    D．火红的太阳烘烤着一片金黄的大地，麦浪翻滚着，扑打着公路上的汽车，像海浪涌着一艘艘的舰船。
24. 对下面句子的修辞手法判定有误的一项是（　　）。
    A．苇子还是那么狠狠地往上钻，目标好像就是天上。（拟人、比喻）
    B．唉，我现在想想，那时真是太聪明了！（反语）
    C．容不得束缚，容不得羁绊，容不得闭塞。（反复、排比）
    D．唐朝的张嘉贞说它"制造奇特，人不知其所为"。（引用）
25. 从下面备选词语中选用两个或两个以上的词语，至少运用一种修辞手法，写一段描写春天景象的话。（80字之内）
    张望　点缀　不知不觉　莺歌燕舞　万紫千红　眼花缭乱　心旷神怡
26. 对下面文段中所使用的修辞方法的作用理解正确的一项是（　　）。
春天来了！
春天，从解冻的冰河中涌来，从大雁的叫声中飞来，从小草的萌发中醒来。
春天来了！
在这播种的季节里，快播吧！播下一颗颗绿色的心，播下一个个金色的希望。
春天来了！春天来了！
我们像春笋一样冒尖，像山花一样烂漫。我们，从这里出发，走向夏的繁茂，秋得成熟……
    A．选段中用"醒来"一词赋予小草以人德行为，生动地描写出春天草木萌发、万象更新的景象。
    B．选段中运用"从……来"的排比句式，形象地写出了春天来临时大地上五

彩缤纷的景象。
　　C．选段中把"我们"比喻成"春笋""山花",集中地表达了"我们"对美好春天的期盼之情。
　　D．选段中反复运用感叹句"春天来了",强烈地抒发了当春天到来时人们按捺不住的欣喜之情。
27．对下列句子的修辞方法判断错误的一项是（　　）。
　　A．油蛉在这里低唱,蟋蟀们在这里弹琴。（拟人）
　　B．徜徉在古诗的海洋里,陶渊明的悠然遐思,李太白的潇洒飘逸,杜子美的济世情怀,岑嘉州的边塞放歌,无不让人荡气回肠。（排比）
　　C．大家都很喜欢她,因为她长得好像是明星刘亦菲。（比喻）
　　D．谁能断言那些狼藉斑斑的矿坑不会是人类自掘的陷阱呢？（反问）

第五节　常见的标点符号的使用方法

一、顿号

（1）用于并列的词或短语之间。

例1：中国共产党是光荣、伟大、正确的党。

例2：周恩来是民族英雄、党的领袖、开国元勋、人民公仆、世界伟人。

（2）数字相连表概数,中间不用顿号。

例3：我刚要跨过大门,被一个十二三岁的女孩子捉住了。

这种用法非常普遍,如七八个人/三四个月/三、四月份/三五之夜/年方二八/三八妇女节/诗的三、四联/退居二、三线的老同志等。

（3）集合词语内不用顿号。

例4：别不分青红皂白,见人就埋怨。

这种用法非常普遍,如工农业/指战员/科学技术/调查研究/教职员工/男女老少/父母/师生等。

（4）顿号与连词不能同时使用。

例5：孩子们给在地里劳动的父母送来了开水、地瓜和煎饼。

所谓同时使用是指用于一处,起相同作用。例如,"开水、地瓜、和煎饼"便是一种错误用法。

（5）并列成分后带有语气词不用顿号。

例6：这里的山啊,水啊,树啊,草啊,都是我从小就很熟悉的。

（6）并列成分出现不同层次，大并列用逗号，小并列用顿号。

例7：过去、现在、未来，上下、左右，中国、外国，都是互相联系、互相影响、互相制约的。

（7）并列的主语、宾语根据并列成分短长选用顿号或逗号。

例8：他是我们中国共产党的英明领袖，中华人民共和国的开国元勋。

例9：这翻滚的麦浪，这清清的河水，这鲜艳的山花，使年轻人深深地陶醉了。

并列的主语、宾语被同一修饰语修饰时一般用顿号。

（8）并列的定语、状语间一般用顿号。

例10：年仅三十岁、无儿无女、重病在身的老王，是个老红军。

例11：他也跟着大摇大摆、若无其事地走进会场。

后置的并列定语间用逗号。并列的介宾短语作状语，之间一般用逗号。

（9）并列的谓语、补语间一般用逗号。

例12：我走后，你要不断进步，识字，生产。

例13：这个故事讲得真实，感人。

共带一个宾语的并列谓语间用顿号。并列补语不需要强调时，之间用顿号。

标题中的并列一般用空格或连词表示而不用顿号。复指造成的并列成分间一般用逗号。

二、逗号

（1）不要在不该停顿时用逗号。

例14：俗话说，"礼多人不怪"嘛。

句中的逗号使句子支离破碎，故不应使用。

（2）该用句号作结时不要用成逗号。

例15：中国领导人决心防止"非典"的再次爆发，卫生部长吴仪表示愿意改革中国的卫生保健体系，这给国际卫生官员留下了深刻的印象。

这样会使文章一逗到底。这是作文书写中的常见毛病。

（3）逗号不要和顿号、分号、冒号混淆。

见例 2/6/7/8/9/10/11/12/13/16/17/18/22/26/28。

（4）逗号和标号同时使用时位置要得当。

三、分号

（1）并列复句的分句间和非并列关系的多重复句的第一个层次间一般用分号。

例16：惨象，已使我目不忍视了；流言，尤使我耳不忍闻。

例17：这样的人往往经验很多，这是很宝贵的；但是，如果他们就以自己的经验为满足，那也很危险。

多重复句辨别第一层次位置是关键，也是难点。

（2）并列分句中没用逗号，不能径直使用分号。

例18：虚心使人进步；骄傲使人落后。

此并列分句中并无逗号，故不能使用分号，应改为逗号。只要有一个分句内用了逗号，分句间就可以用分号。

（3）分条陈述时，每一条不管是词、短语还是句子，每条内部不管有没有逗号，之间都可用分号。

例19：农民对一个好的农村干部的要求是：一、办事公道；二、自己不要吃得太饱；三、有经济头脑。

另外，分条陈述后有"等等""其他……"之类表列举未尽的成分时，此类成分的语法作用也相当于列举一项，之前用分号，之后用句号。

四、冒号

（1）一般有提示下文和总结上文两种作用。

例20：今天晚上有如下节目：舞蹈、独唱、二重唱、相声和杂技。

例21：做，要靠想来指导；想，要靠做来证明：想和做是紧密联结在一起的。

（2）冒号提示下文时不能用在非提示语后面。

例22：通过这件事，我深深地体会到：依靠群众，坚持调查研究的重要性。

不能在没有明显停顿的地方用冒号，而非提示语后面没有明显停顿。

（3）冒号一般不能套用。以下为错误用法举例。

例23：事实证明：我们应该坚持我们的基本路线：一个"方针"、两个"基本点"。

（4）冒号一般只管到一句话结束，不能管几个句子，提行处理或加引号处理例外。以下为错误用法举例。

例24：农民对一个好的农村干部的要求是：一、办事公道。二、自己不要吃得太饱。三、有经济头脑。

（5）如果提示的内容不是句子全部，而是部分的话，则不能用冒号。以下为错误用法举例。

例25：本市的三位女杰：王安忆、王小鹰、程乃珊在一起谈笑风生。

例26：林则徐宣称："若鸦片一日未绝，本大臣一日不回，誓与此事相始终，断无中止之理"，表示决心禁绝鸦片。

写作中只引用别人的一部分话，引文前不用冒号，亦即冒号后一般是完全引用。

（6）"××说"等提示语在引文前用冒号，在引文中用逗号，在引文后用句号。

例27：他环视了一下会场说："大桥就要通车了，请大家咬紧牙关，做最后冲刺。"

例28："大桥就要通车了，"他环视了一下会场说，"请大家咬紧牙关，做最后冲刺。"

例29："大桥就要通车了，请大家咬紧牙关，做最后冲刺。"他环视了一下会场说。

五、句号

陈述句末尾和语气舒缓的祈使句末尾用句号。

例30：请稍等一下。

避免句号和逗号混淆导致一逗到底，有时语气特别舒缓的反问句末尾也可用句号。

六、叹号

（1）感叹句、语气强烈的祈使句及语气强烈的反问句后用叹号。

例31：我们的祖先多么伟大啊！

例32：祥林嫂，你放着吧！

例33：我哪里比得上他呀！

（2）两个以上叹词相连使用，一般只在最后用一个叹号。

例34："啊，啊！"伊又吃了惊……

也有两个叹词后都用的，如："救命啊！救命啊！"一个声音在呼喊。

（3）叹词句和感叹句连用，一般只在最后用一个叹号，叹词后用逗号。注意倒装。

例35：啊，这赠品是多么丰饶啊！

七、问号

（1）疑问句和语气不太强烈的反问句末尾用问号。

例36：你见过金丝猴吗？

例37：难道你还不了解我吗？

（2）选择问一般只在末尾用一个问号。注意与连续问进行区分。

例38：你同意呢，还是不同意呢？

（3）判断是否用问号看句子是否有疑问语气，而不应该看是否有疑问形式。这种情形往往是带有疑问词语的主谓短语作主语或作宾语。

例39：我也不知道他在哪里。

例40：你问他还来不来。

例41：文件下达后，许多人都非常关心这个艰巨的任务到底交给你，还是交给他。

主谓倒装的句子只在句末用一个句末点号。

例42：怎么了，你？

例43：出来吧，你们！

例44：真好看，这只猫。

例45：荷塘四面长着许多树，蓊蓊郁郁的。

例46：应该是这样，我想。

八、引号

（1）完全引用的句末点号放在引号里，不完全引用的引文后如用点号放在引号外。

例47：爱因斯坦说："想象力比知识重要。"

例48：徐悲鸿笔下的马，正如有人所评的那样，"形神兼备，充满生机"。

引文完整且独立成句，为完全引用；引文不完整或完整不独立，为不完全引用。

（2）引用包括直引和意引。转述属于意引，意引不用引号。以下例句便是典型的错误用法。

例49：小姑娘告诉我："她的家就在附近，每天她都会看到月亮湾的珠玑，看到无数采珠宝的客人们。"

（3）引文内还有引文，里面用单引号。

例50：他站起来问："老师，'有条不紊'的'紊'是什么意思？"

（4）引文的范围要准确。

例51：当太阳完全被月亮的身影遮住时，与神女般若隐若现的"海尔—波谱"彗星相比，清晰的水星亮晶晶地伴在被遮黑的太阳旁边，金星、木星也同时出现在天宇。

（5）以地名来命名的厂、路、站、工程等均不需引号。以下例句中的"泰山第二核电站"加了引号，是错误用法。同类型的有"京广铁路"、"大亚湾核电站"、定州"北雁商城"等。

例52：我国第一座自主设计、自行建造的国产化商业核电站"泰山第二核电站"的2号机组反应堆首次临界试验获得成功，将于年内并网发电。

九、括号

（1）句内括号紧贴在被注释部分之后，如被注释部分这里需用点号，挪到括号后。注释句中某一部分的用句内括号。句内括号内部文字末一般不用点号（叹号、问号除外）。

例53：中国猿人（全名"中国猿人北京种"，或简称"北京人"）在我国的发现，是对古人类学的一个重大发现。

例54：这就是中国猿人（全名"中国猿人北京种"，或简称"北京人"）。

例55：我们在田间，可以看到有些瓜果、蔬菜（如丝瓜、番茄）的叶子是平伸的，有些作物（如水稻、小麦）的叶子是直立的。

（2）句外括号放在句末点号后。注释全句的用句外括号。句外括号内部文字末点号要原样保留。

例56：写研究性文章跟文学创作不同，不能摊开稿纸"即兴"。（其实文学创作也要有素养才能"即兴"。）

十、省略号

（1）省略号不能和"等"之类词同时使用。列举各项和省略部分共作某词的修饰限制成分时，只能用"等"。"等"除表省略还可在列举尽后煞尾。以下例句便是典型的错误用法。

例57：新中国的历史上无法抹去这些名字：焦裕禄、王进喜、吴吉昌、杨立伟……等。

（2）省略号前的列举一般不能少于三项。"等"前的列举不能少于两项。

例58：在广州的花市上，牡丹、水仙、梅花、山茶……春秋冬三季的鲜花都挤在一起啦。

十一、破折号

（1）要正确区分破折号和括号。如注释内容较重要，需与正文一起读出来，就用破折号；如注释内容不重要，不需与正文一起读出，就用括号。

例59：假如我有一首诗——不敢奢望一首以上——能像《唐诗三百首》的任何一首那样，为后世所认可，为子孙所传播，我也就死而无憾了。

例60：每个汉字都凝结着先人对已知世界的渐悟（它积淀着几经迷失的文化传统及富有民族个性的道德伦理尺度）和对未来世界的哲思。

（2）要正确区分破折号和冒号。用破折号注释，中间没有停顿或停顿很短，删去注释部分，句子仍完整；冒号表总分时，分说部分不能去掉

例61：我国的四大发明——火药、印刷术、指南针、造纸术，对世界历史的发展有伟大的贡献。

例62：北京故宫有四个大门、午门、东华门、西华门和神武门。，且冒号停顿时间较长。

（3）要正确区分破折号和逗号。破折号比逗号停顿时间长，强调作用强；破折号多强调以后成分，而逗号多强调以前成分。

例63：我就是我——一名普通的幼儿教师。

例64：对于这个城市，他并不陌生。

（4）破折号不要和"是"等赘余。

例65：我的母亲——是一个普通劳动妇女，含辛茹苦却毫无怨言。

十二、书名号

（1）书名号标明书名、报名、刊名、篇章名、剧目名、歌曲名、文件名等。

例66：《红楼梦》/《语文报》/《读者》/《序言》/《小兵张嘎》/《懂你》/《标点符号用法》/"东方时空"/"理想"主题班会

要区分引号和书名号。封面、书脊、书刊版权页、正文标题等都不用书名号。

（2）书名内的书名用单书名号；注意书名和篇名连用。

例67：《〈宽容〉序言》/《读〈石钟山记〉有感》/《史记·廉颇蔺相如列传》/《念奴娇·赤壁怀古》

要分清书名范围，如：《求是》杂志/《同学》编辑部/《琵琶行（并序）》。

说明：问号、叹号兼有标号作用，破折号、省略号兼有点号作用，其特殊用法本表不涉及。

练 习

1. 下列句子中标点符号的使用，正确的一句是（　　）。

    A. 这个经济协作区，具有大量的技术信息，较强的工业基础，巨大的生活资料、生产资料市场，较丰富的动植物、矿产、海洋、旅游等资源。

    B. 当太阳完全被月亮的身影遮住时，与神女般若隐若现的"海尔—波普"彗星相比，清晰的水星亮晶晶地伴在被遮黑的太阳旁边，金星、木星也同现在天宇。

    C. 出版社在1997年第一季度社科新书征订单上提醒邮购者：务必在汇款单上写清姓名及详细地址（汇款单附言栏内注明所购的书名、册数）。

    D. 今年春季，这个省的沿海地区要完成3700万土方的河堤加高和河口截流改道工程，任务重、工程难、规模大。

2. 下列句子中，标点符号使用正确的一句是（　　）。

    A. 小河对岸三、四里外是浅山，好似细浪微波，线条柔和，蜿蜒起伏，连接着高高的远山。

    B. 证券交易所内那些穿红马甲的人便是经纪人，穿黄马甲的人则是管理和服务人员；这是全世界都统一的。

    C. 他从报上看到某大学研究生院和《中国文化》编委会联合主办《中国文化与世界文化暑期讲习班》的招生启事，立刻写信去报名。

D．"唉！"作家叹道，"红尘之中，人海茫茫，要找出个不知姓名的陌生人来，这不是大海捞针吗？"

3．标点符号使用恰当的一句是（　　）。

A．金黄的大斗笠下，这边，露出一条翘起的小辫；那边，露出一条揽着小山羊的滚圆的胳膊。

B．还有老师拿着大铁戒尺在桌子上紧敲着："静一点，静一点……"

C．这种埋头做事不动脑筋的人简直是——说得不客气一点——跟牛马一样。

D．警号为谁而鸣？为你、我、他，为我们大家而鸣，为中国人而鸣！

4．下列标点符号使用的一项是（　　）。

A．"这究竟是怎么回事呢？同志们。"厂长严肃地说。

B．我要给爷爷理发，爷爷笑了："你？笤疙瘩戴帽子——充人哩。"

C．基础知识究竟扎实不扎实？对今后的继续深造有重要影响。

D．今天去呢？还是明天去呢？我实在拿不定主意。

5．下列句子标点符号使用正确的是（　　）。

A．耿大妈对儿子说："大成，见人该问好就问好，该行礼就行礼，别怕人笑话，俗话说，'礼多人不怪嘛'。"

B．要在城西修建立交桥的消息传出后，许多人都非常关心这座立交桥将怎么建？那里的近千株树木将怎么办？

C．蝉的幼虫初次出现于地面，需要寻求适当的地方——矮树、篱笆、野草、灌木枝等——蜕掉身上的皮。

D．现代画家徐悲鸿笔下的马，正如有的评论家所说的那样，"神形兼备，充满生机。"

6．使用标点符号有错误的是（　　）。

A．"且慢，让我来看一看罢，"他于是往来的摸了一回，直起身来说道，"偷我们的罢，我们的大得多呢。"

B．我们信它，因为它"是"；不信它，因为它"非"。

C．"我几乎还不会作文呢！"他惊讶地叫道。

D．哪一种办法省时间，我们能一眼看出第一种办法好，后两种办法都"窝了工"。

7．标点使用有错误的是（　　）。

A．今年4月7日，中外联合科考队开始对"天坑博物馆"——广西乐业天坑群进行大规模的科学考察。

B．闻一多先生说："诗人主要的天赋是'爱'，爱他的祖国，爱他的人民。"

C．开荒、种庄稼、种蔬菜，是足食的保证，纺羊毛、纺棉花，是丰衣的保证。

D．人总是要死的，就看怎样死法，是屈辱而死呢，还是为民族利益而死？

8．下列句子中标点符号的使用，正确的一项是（　　）。

A．读了拜伦的诗，就想到西班牙去，想看看西班牙女郎的头发是黑的，还是金黄的？

B．在中华大地上，我要去的地方就更多了，因为我认为中国的山山水水、亭台楼阁，花草树木……都是世界上最美的。

C．为了对演出市场及演员进行规范管理，文化部近日发出了"演员个人营业演出活动管理暂行办法"。

D．她说："有这么多热心的民警，有这么多好街坊，我呀！还得活一辈子啊！"

9．下列句子中标点符号的使用，正确的一句是（　　）。

A．上海 4 所名牌大学近 10 年来出国留学 500 余人，学成回国只点 29%；其中 360 名自费留学者，学成回国只有 10 人。

B．参加国庆献礼的优秀影片：《风暴》《青春之歌》《林则徐》等，也将在各大城市放映。

C．人们也记得，米丘林进行植物杂交实验，被神甫攻击为"竟敢把上帝的果园变成妓院。"

D．这是老先生最得意的作品，是老先生十多年的汗水——不，是他比重的心血！

10．标点符号使用正确的一项是（　　）。

A．辛弃疾的词是以多用典故出句的。他的《永遇乐·京口北固亭怀古》就用了五个典故（孙权、刘裕、刘义隆、拓跋焘、廉颇）。

B．文章结构匀称指的是部分（头尾主体）与部分、部分与整体之间的比例要协调，主体中内容的主次详略的安排要恰当。

C．“其辞脱口而出，无矫揉妆束之态，以其所见者真，所知者深也。”（王国维：《人间词话》）

D．根据财政部统计，近几年来，每年直接由行政费支付的会议经费达十亿多元，（有关方面认为实际耗资远大于此）且有与日俱增之势。

11．标点符号使用正确的一项是（　　）。

A．“吾生也有涯，而知也无涯”一语，出自《庄子—养生主》。

B．鲁迅《记念刘和珍君》一文中"亲戚或余悲，他人亦已歌。死去何所道，托体同山阿"四句诗，引自陶渊明所作的《挽歌》。

C．一九三三年至一九三四年之间，鲁迅先生经常在《申报副刊》《自由谈》上写稿，攻击时弊。

D．前夜看了"塞上风云"的预告片，便又回忆起猩猩峡外的沙漠来了。

12. 下列句中标点符号使用正确的一句是（　　）。

   A．昨天的作业太多了，能全部完成的同学，只不过占全班十分之二、三。至于完成的质量就更不好说了。

   B．在海边他写浪花，写礁石；在山顶他写青松，写老藤；在田野他写春花，写秋月。真可谓"远山近水皆有情。"

   C．毛泽东同志也强调过，讲话写文章"都应当简明扼要"。我国历代作家常以"意则期多，字则唯少"作为写文章的准则。力求"句句无余字，篇中无长语"。（姜夔《白石诗说》）

   D．你是坐汽车来呢，还是坐火车来呢，或者索性坐飞机呢？赶快给我个准信儿。

13. 标点符号使用无误的一项是（　　）。

   A．我一进门的时候本来就有点疑惑，现在更加疑惑了；虽然猜不出是谁，但自己断定，一定是一个不平常的人。

   B．他先把介绍信给恒元看了，然后便说这人是怎样怎样一身土气？

   C．北京时间1990年3月3日20时10分，我们终于准时到达本次探险的终点——苏联和平站。

   D．现在东六宫大都作为古代艺术品的陈列专馆，展出宫内收藏的青铜器、绘画、陶瓷、工艺品……等。

14. 下列句子中标点符号的使用，正确的一句是（　　）。

   A．是否引导学生攻读原著？是当前大学人文基础学科（文、史、哲）教育中一个值得重视的问题。

   B．电视剧《水浒传》标明原作者为施耐庵、罗贯中，引起许多观众的疑惑：《水浒传》的作者不是施耐庵吗？怎么又多出个罗贯中？

   C．" 说得好"！陈毅满意地挥了一下手，回转过身子，把手臂搭在聂卫平肩膀上。"发展围棋事业，赶超日本，要靠你们这一代喽！"

   D．电子信息、机电一体化、新型建筑材料、生物医药……，这些新兴产业在中国的"硅谷"勃发着无限的生机与活力。

15. 下列句子中标点符号的使用，正确的一句是（　　）。

   A．但是每一过程的开始阶段，是否也有矛盾存在呢，是否每一事物的发展过程具有自始至终的矛盾运动呢？

   B．他喊了一声："跟我来"！就向前冲锋。

   C．去上海，还是去南京，我们暂时还没有决定。

   D．这时课堂里响起了"向孔繁森学习"、"向孔繁森致敬"的口号。

16. 下面四句话中，标点符号用错的一句是（　　）。

A．比如讲"芦柴棒"吧，她的身体实在太可怕了，放工的时候，厂门口的"抄身婆"（抄查女工身体的女人）也不愿意用手去接触她的身体："让她揩点油吧？骷髅一样，摸着她的骨头会做噩梦！"

B．这里有龙、凤、狮、虎，有白兔、彩蝶、有水中青莲、有雪地红梅、还有白云缭绕的天安门和牡丹峰。

C．"如果内容的充实，不与技巧并进，是很容易陷入徒然玩弄技巧的深坑里去的。"（鲁迅《致要桦》）

D．他们分明的感到：天下已经没有自己的份，现在是在毁别人的、烧别人的、杀别人的、抢别人的。

17．标点符号使用错误的一项是（　　）。

A．"形散神不散"是人们用来概括散文特征的常用的说法。那么，什么是散文的"形"与"神"呢？"形散神不散"的含义究竟应当怎样理解呢？"形散神不散"的含义究竟应当怎样理解呢？

B．"骗子的行当"，鲁迅先生说，"总要干得像个骗子呀。其实他们何尝不知道是骆驼，不过自己吃了《神异经》里说的'讹兽'的肉，从此非说谎不可。"

C．"流水不腐，户枢不蠹"，是说它们在不停的运动中抵抗了微生物或其他生物的侵蚀。

D．有一句著名的格言："真理诞生于一百个问号之后"。这句格言身也是真理。

18．下面标点符号运用不正确的一项是（　　）。

A．纪念建党80周年活动的主题是唱响共产党好、社会主义好、改革开放好的主旋律。

B．著名水稻专家袁隆平认为：成功=知识+汗水+灵感+机遇。

C．谈到怎样教育青少年一代？这位教育家有独到的见解。

D．创造，是人类智慧高度发展结晶；创造，也是打开成功大门的钥匙。

19．标点有错误的是（　　）。

A．1420年建成的故宫是中国明清两代的皇宫。皇帝居住的宫殿对于平民百姓来说当然是禁域；而天上的紫微星位于中天，特别明亮，旁边群星环拱，于是皇宫就被称作了"紫禁城"。

B．据报道，喜庆90寿诞的国家图书馆建设数字图书馆的有关立项工作正在积极进行中，预计不久该项工程即可起动。

C．管得不严的医院，家属提着保温桶、拎着饭盒，直奔病房；管得严的，家属们则好说歹说，软磨硬泡，怎么也得把饭送进去。

D．林肯在入主白宫以前，一直奔波于颠沛困顿之中，加上其貌不扬，又一贯不修边幅，常穿一双粗绒线的蓝袜子、一双大拖鞋，甚至连领带都不会打，因此他初到白宫任职时，阁员中的阔佬没有一个瞧得起他。

20．标点使用正确的一项是（　　）。

A．"进化论嘛！"鲁迅先生微笑着说："我懂得你的意思，你的舌头底下压着个结论：可怕的进化论思想。"

B．山路崎岖，很不好走，可我不相信自己还走不过这个背着三十多斤东西的山村女孩子（她才只有十四岁）。

C．麦收以后，这块地是种玉米呢，还是种红薯呢？到底种什么？与会者议论纷纷，莫衷一是。

D．乌鲁木齐的大街上到处摆着水果摊，甜瓜啊、西瓜啊、伊犁苹果啊、库尔勒香梨啊……走到哪儿都闻得见诱人的香味儿。

21．阅读下面一段文字，完成后面的题目。

目前，随着农村人口<u>结构</u>①的变化，农村学校学生数已呈逐年减少的趋势<u>出现</u>②，在外就学的学生越来越多。一位农村学校校长这样说<u>：</u>"③农村校点分散<u>，</u>部分校舍陈旧，学生人数减少<u>；</u>⑤增加了改善学校基础设施<u>投入</u>⑥和增添现代教学设备的难度，资金不足已⑦成为制约农村义务教育均衡发展的主要因素"<u>。</u>⑧

（1）为了表达简明，划线词语有两处应该删除，序号分别是＿＿＿＿和＿＿＿＿。

（2）划线标点有两处错误。序号分别是＿＿＿＿和＿＿＿＿。

第二章　古汉语基础

第一节　古汉语实词

一、通假字

1．通假字的形式

（1）"本无其字"的假借字。古代文字少而所记事物多，文字常常不够用，想记一事而无其字，只有借一同音字来代替。

（2）"本有其字"的通假字。古人写作时，不用原字或仓促间想不起原字，而写成了另外一个音同或音近的字，这就是"本有其字"的通假字。

2．通假字的种类

（1）"声旁字"代替"形声字"。例：满坐寂然，无敢哗者。（《口技》）（坐——座）
（2）"形声字"代替"声旁字"。例：使臣奉璧，拜送书于庭。（《史记·廉颇蔺相如列传》）（庭——廷）
（3）同声旁的字互相代替。例：无陇断焉。（《愚公移山》）（陇——垄）
（4）音同或音近的字相互代替。例：甚矣，汝之不惠。（《愚公移山》）（惠——慧）

3．常见通假字例释

以下内容按照通假字、本字、释义、例句及出处顺序整理。

"说"通"悦"，愉快。学而时习之，不亦说乎？（《论语·学而》）
"女"通"汝"，你。子曰：由，诲女知之乎？（《论语·为政》）
"知"通"智"，智慧。孰为汝多知乎（《两小儿辩日》）
"还"通"旋"，回转，掉转。扁鹊望桓侯而还走。（《扁鹊见蔡桓公》）
"汤"通"烫"，用热水焐。疾在腠理，汤熨之所及也。（《扁鹊见蔡桓公》）
"齐"通"剂"，汤药。在肠胃，火齐之所及也。（《扁鹊见蔡桓公》）
"止"通"只"，仅仅。担中肉尽，止有剩骨。（《狼》）
"争"通"怎"，怎样。争渡，争渡，惊起一滩鸥鹭。（《如梦令》）
"见"通"现"，出现。旧时茅店社林边，路转溪头忽见。（《西江月》）
"要"通"邀"，邀请。便要还家。（《桃花源记》）
"亡"通"无"，没有。河曲智叟亡以应。（《愚公移山》）
"厝"通"措"，放置。一厝朔东，一厝雍南。（《愚公移山》）
"道"通"导"，引导。傧者更道，从大门入。（《晏子春秋》）
"曷"通"何"，什么。缚者曷为者也。（《晏子春秋》）
"零丁"通"伶仃"，孤苦无依。零丁洋里叹零丁。（《过零丁洋》）
"距"通"拒"，抵挡，抵抗。公输盘九设攻城之机变，子墨子九距之。（《公输》）
"诎"通"屈"，①理屈。公输盘诎。（《公输》）②弯曲卧右膝，诎右臂支船。（《核舟记》）
"有"通"又"，还有。舟首尾长约八分有奇。（《核舟记》）
"衡"通"横"，①横放。居右者椎髻仰面，左手倚一衡木。（《核舟记》）②不顺，梗塞。困于心衡于虑。（《生于忧患，死于安乐》）
"甫"通"父"，男子美称。虞山王毅叔远甫刻。（《核舟记》）
"简"通"拣"，挑选。盖简桃核修狭者为之。（《核舟记》）

"適"通"谪",被罚流放,强迫。发闾左適戍渔阳九百人。(《陈涉世家》)
"唱"通"倡",倡导。诈自称公子扶苏、项燕,为天下唱。(《陈涉世家》)
"以"通"已",已经。得鱼腹中书,固以怪之矣。(《陈涉世家》)
"被"通"披",穿。将军身被坚执锐。(《陈涉世家》)
"畔"通"叛",背叛。寡助之至,亲戚畔之。(《得道多助,失道寡助》)
"具"通"俱",全,皆。百废具兴。(《岳阳楼记》)
"属"通"嘱",嘱托。属予作文以记之。(《岳阳楼记》)
"得"通"德",恩惠,这里是"感激"之意。所识穷乏者得我与。(《鱼我所欲也》)
"乡"通"向",从前。乡为身死而不受。(《鱼我所欲也》)
"信"通"伸",伸张。欲信大义于天下。(《隆中对》)

二、古今异义词

古今异义词汇总表

字词	举例	古义	今义
穷	上高山,入深林,穷回溪(《始得西山宴游记》)	穷尽	贫穷
丝	宴酣之乐,非丝非竹(《醉翁亭记》)	弦乐器	蚕丝
委	委而去之,是地利不如人和也(《得道多助,失道寡助》)	放弃	委托
去	委而去之,是地利不如人和也(《得道多助,失道寡助》)	离开	到,往
是	故天将降大任于是人也(《生于忧患,死于安乐》)	这	表示判断
举	傅说举于版筑之间(《生于忧患,死于安乐》)	被举荐	举起
征	征于色,发于声,而后喻(《生于忧患,死于安乐》)	表现	出征,征收
喻	征于色,发于声,而后喻(《生于忧患,死于安乐》)	明白,了解	比喻
就	此人可就见,不可屈致也(《隆中对》)	接近,趋向	副词或连词
诚	此诚不可与争锋(《隆中对》)	确实	真诚、诚实
秋	此诚危急存亡之秋也(《出师表》)	时	秋季
义	引喻失义(《出师表》)	适宜,恰当	正义,意义
否	陟罚臧否(《出师表》)	恶,坏	表示否定
庶	庶竭驽钝(《出师表》)	希望 期望	众多
狱	小大之狱,虽不能察,必以情(《曹刿论战》)	案件	监狱
再	一鼓作气,再而衰,三而竭(《曹刿论战》)	第二次	又
间	肉食者谋之,又何间焉(《曹刿论战》)	参与	间隔 空隙
游	与其门人贤士大夫游(《上枢密韩太尉书》)	交往	游历、游览
池	与仓廪府库城池苑囿之富大也(《上枢密韩太尉书》)	护城河	现指水塘
走	几欲先走(《口技》)	跑	行走
趋	尝趋百里外(《送东阳马生序》)	快步走	奔
假	趋向假 以是人多以书假余(《送东阳马生序》)	借,借助	不真
居	居十日,扁鹊复见(《扁鹊见蔡桓公》)	经过	房子;居住
鄙	蜀之鄙有二僧(《为学》)	边境	品质低下

续表

字词	举例	古义	今义
强	策勋十二转，赏赐百千强（《木兰诗》）	有余	强壮，强大
但	但少闲人如吾两人耳（《记承天寺夜游》）	只	但是
虽	虽杀臣，不能绝也（《公输》）	即使	虽然，表转折
固	吾义固不杀人（《公输》）	本来	坚固
谢	秦王色挠，长跪而谢之曰（《唐雎不辱使命》）	道歉	感谢
亡	今亡亦死，举大计亦死	逃跑	死亡
会	会天大雨，道不通（《陈涉世家》）	适逢，恰巧	遇到 聚合
怜	楚人怜之，或以为死，或以为亡（《陈涉世家》）	怜爱，爱戴	可怜，怜悯
或	今或闻无罪，二世杀之（《陈涉世家》）	有人	或许，也许
往往	旦日，卒中往往语（《陈涉世家》）	到处	经常
开张	诚宜开张圣听（《出师表》）	扩大	指商店开始营业
于是	游于是乎始（《始得西山宴游记》）	从此（时）	表示承接
所以	此先汉所以兴隆也（《出师表》）	……的原因	表因果关系
卑鄙	先帝不以臣卑鄙，猥自枉屈（《出师表》）	身份低微，出身鄙野	品质低劣
布衣	臣本布衣，躬耕于南阳（《出师表》）	平民	用布做的衣服
牺牲	牺牲玉帛（《曹刿论战》）	祭祀用的猪、牛、羊等	为正义而死
可以	忠之属也，可以一战（《曹刿论战》）	可以凭借	可以
交通	阡陌交通（《桃花源记》）	交错相通	各种运输和邮电事业的总称
妻子	率妻子邑人来此绝境（《桃花源记》）	妻子和子女	专指男子的配偶
绝境	率妻子邑人来此绝境（《桃花源记》）	与人世隔绝的地方	没有出路的境地
无论	无论魏晋（《桃花源记》）	不要说，更不必说	表示条件关系
左右	楚王闻之，谓左右（《晏子春秋》）	身边跟随的人	①表方位；②表估计
虽然	虽然，公输盘为我为云梯，必取宋（《公输》）	即使这样	转折连词

三、文言文词类活用

1．名词活用

1）名词作动词

（1）鞭数十。（鞭，用鞭子打）

（2）天雨墙坏。（雨，下雨）

（3）稍稍宾客其父。（宾客，意动，当作宾客）

（4）其家甚智其子。（利，意动，认为……聪明）

（5）父利其然也。（意动，以……为利）

（6）愿为市鞍马。（市，买）

（7）不能名其一处。（名，说出）

（8）对酒当歌。（歌，高歌，唱歌）

（9）皆指目陈胜。（"目"是用目示意）
（10）名之者谁。（名，给……命名）
（11）一鼓作气。（鼓，击鼓）
（12）朝服衣冠。（服，穿戴）
（13）惠子相梁。（相，做宰相）
（14）夏雨雪。（雨，降下，落下）
（15）寻向所志。（志，做的记号，标志）
（16）披发文身。（画文彩；刺花纹）
（17）书帛曰："陈胜王。"（称王）
（18）不蔓不枝。（蔓延；生出枝节）
（19）域民不以封疆之界。（域，限制）
（20）天下缟素。（穿孝服）

2）名词作状语
（1）窗扉洞开。（像洞一样）
（2）其一犬坐于前。（犬，像犬一样）
（3）吾义固不杀人。（义，按照道义）
（4）有好事者船载以入。（船，用船）
（5）面刺寡人者。（面，当面）
（6）箕畚运于渤海之尾。（箕畚，用箕畚）
（7）箪食壶浆。（用箪，用壶）
（8）乃丹书帛。（用朱砂）

2．动词活用

1）动词作状语
（1）忽啼求之。（啼，哭着）
（2）跳往助之。（跳，跳着）

2）动词作名词
（1）但闻燕山胡骑鸣啾啾。（骑，战马）
（2）宜枉驾顾之。（驾，指车、马）
（3）虽乘奔御风。（奔，飞奔的马）
（4）猛浪若奔。（奔，飞奔的马）

3）使动用法
（1）春风又绿江南岸。（绿，使……变绿

(2) 伏尸百万，流血千里。（伏、流）
(3) 乱花渐欲迷人眼。（"迷"，意为"使……迷乱"）
(4) 无丝竹之乱耳，无案牍之劳形。（使……扰乱；使……劳累）
(5) 苦其心志，劳其筋骨，饿其体肤，空乏其身，行拂乱其所为，所以动心忍性。（使……痛苦；使……劳累；使……饥饿；使……穷困；使……颠倒错乱；使……惊动；使……坚韧）
(6) 固国不以山溪之险。（使……巩固）
(7) 威天下不以兵革之利。（威，使……震慑）
(8) 忿恚尉。（使尉愤怒）

4）意动用法
(1) 以贤勇知。（《大同》，贤，形，认为……为贤）
(2) 吾妻之美我者，私我也。（美，形，认为……美）
(3) 闻寡人之耳者。（闻）
(4) 父异焉。（对此感到诧异）
(5) 邑人奇之。（以之为奇）
(6) 父利其然。（认为这种情况有利可图）
(7) 渔人甚异之。（对此感到诧异）
(8) 余悲之。（对此感到悲哀）
(9) 不知太守之乐其乐也。（以他们的快乐为快乐）
(10) 固以怪之矣。（对此感到奇怪）

5）为动用法
(1) 死国可乎。（死，为国而死）
(2) 伤仲永。（伤，为仲永而哀伤）
(3) 既泣之三日。（为……器泣）

3．形容词活用

1）作名词
(1) 温故而知新。（故，旧知识；新，新知识）
(2) 披坚执锐。（坚、锐）
(3) 师者，所以传道授业解惑也。（惑，疑惑的问题）
(4) 毕力平险。（险，险阻的山）
(5) 此皆贤实。（贤良诚实的人）
(6) 心乐之。（以之为乐）

2）作状语

（1）见渔人，乃大惊。（大，非常，大吃）

（2）与蒙论议，大惊曰……（非常）

3）作动词

（1）父异焉。（异，对……感到惊异）

（2）邑人奇之。（奇，以……为奇）

（3）不远千里。（远，以……为远）

（4）食之不能尽其材。（尽，使尽，竭尽）

（5）聚室而谋。（聚，使聚，召集）

（6）笑而止之。（止，使止，阻止，阻拦）

（7）毕力平险。（毕，用尽）

（8）私我也，美我者。（私，偏爱；美，意动）

（9）渔人甚异之。（异，感到诧异）

（10）一览众山小。（小，意动，以……为小）

（11）亲贤臣，远小人。（亲，亲近；远，远离）

4）数量词活用

（1）食马者，不知其能千里而食也。（千里，跑千里路）

（2）既而大叔命西鄙北鄙贰于己。（贰，两属）

四、文言文中的一词多义现象

1．拂

① 入则无法家拂士（辅佐）。（《〈孟子〉二章》）
② 行拂乱其所为。（违背，不顺）（《〈孟子〉二章》）

2．故

① 故天将降大任于是人也。（所以）（《〈孟子〉二章》）
② 温故而知新，可以为师矣。（旧的知识）（《〈论语〉十则》）
③ 广故数言欲亡（故意）。（《陈涉世家》）
④ 公问其故（原因，缘故）。（《曹刿论战》）
⑤ 而两狼之并驱如故（原样）。（《狼》）
⑥ 桓侯故使人问之（特意）。（《扁鹊见蔡桓公》）

3．若

① 若为佣耕。（你）（《陈涉世家》）
② 若夫霪雨霏霏。（与"夫"连用，用在一段话开关用以引起下文）（《岳阳楼记》）
③ 海内存知己，天涯若比邻。（像，如同）（《送杜少府之任蜀州》）
④ 曾不若孀妻弱子。（及，比得上）（《愚公移山》）
⑤ 若听茶声然。（好像，似乎）（《核舟记》）

4．得

① ……所识穷乏者得我欤？（通"德"，感激，感恩）（《鱼我所欲也》）
② 一狼得骨止。（得到，获得）（《狼》）

5．入

① 意将隧入以攻其后也。（进入）（《狼》）
② 入则无法家拂士（国内）。（《〈孟子〉二章》）

6．夫

① 其夫呓语。（丈夫）（《口技》）
② 夫环而攻之。（发语词）（《〈孟子〉二章》）
③ 遂率子孙荷担者三夫。（成年男子的通称）（《愚公移山》）
④ 嗟夫！予尝求古仁人之心。（叹词，啊）（《岳阳楼记》）

7．观

① 予观夫巴陵胜状。（看，观看）（《岳阳楼记》）
② 此则岳阳楼之大观也。（景象）（《岳阳楼记》）
③ 可远观而不可亵玩焉。（看，细看）（《岳阳楼记》）

8．一

① 一碧万顷。（都，一概）（《岳阳楼记》）
② 长烟一空。（全部）（《岳阳楼记》）
③ 孤帆一片日边来。（数词）（《望天门山》）
④ 传一乡秀才观之。（全，满）（《伤仲永》）
⑤ 一鼓作气，再而衰，三而竭。（第一次）（《曹刿论战》）

9. 临

① 把酒临风。（面对着）(《岳阳楼记》)
② 临溪而渔。（靠近）(《醉翁亭记》)
③ 东临碣石。（登临）(《观沧海》)
④ 故临崩寄臣以大事也。（将要）(《出师表》)

10. 秀

① 望之蔚然而深秀者，琅琊也。（秀丽）(《醉翁亭记》)
② 佳木秀而繁阴。（发荣滋长的意思）(《醉翁亭记》)

11. 见

① 昨夜见军帖，可汗大点兵。（看见）(《木兰诗》)
② 曹刿请见。（拜见，谒见）(《曹刿论战》)
③ 何时眼前突兀见此屋。（通"现"，出现）(《茅屋为秋风所破歌》)
④ 胡不见我于王。（引见）(《公输》)

12. 书

① 乃丹书帛曰。（写）(《陈涉世家》)
② 得鱼腹中书。（帛书）(《陈涉世家》)
③ 一男附书至，二男新战死。（书信）(《石壕吏》)
④ 军书十二卷，卷卷有爷名。（名册，公文）(《木兰诗》)

13. 语

① 卒中往往语。（谈论，说）(《陈涉世家》)
② 贫者语于富者。（告诉）(《为学》)

14. 章

① 又用篆章一。（印章，图章）(《核舟记》)
② 教授王君盛恐其不章也。（"章"通"彰"，显著）(《墨池记》)

15. 然

① 吴广以为然。（对，是）(《陈涉世家》)

② 庞然大物也。(……的样大)(《黔之驴》)
③ 然而，北通巫峡。(这样)(《岳阳楼记》)

16．谓

① 太守谓谁。(是)(《醉翁亭记》)
② 太守自谓也。(命名)(《醉翁亭记》)
③ 何以谓之文也。(称作，叫作)(《〈论语〉十则》)
④ 予谓菊，花之隐逸者也。(认为)(《爱莲说》)
⑤ 义兴人谓为三害。(称为)(《周处》)

17．鄙

① 肉食者鄙。(目光短浅)(《曹刿论战》)
② 先帝不以臣卑鄙。(浅陋)(《出师表》)
③ 蜀之鄙有二僧。(边境)(《为学》)

18．益

① 不治将益深。(更，更加)(《扁鹊见蔡桓公》)
② 曾益其所不能。(增加)(《〈孟子〉二章》)
③ 有所广益。(增益)(《出师表》)

19．志

① 人之立志，顾不如蜀鄙之僧哉？(志向，志趣)(《为学》)
② 寻向所志。(标记)(《桃花源记》)
③ 处处志之。(做标记)(《桃花源记》)

20．寻

① 太守即遣人随其往，寻向所志。(寻找)(《桃花源记》)
② 欣然规往，未果，寻病终。(不久)(《桃花源记》)

21．或

① 或以为死，或以为亡。(有的)(《陈涉世家》)
② 而或长烟一空。(有时)(《岳阳楼记》)

22．食

① 食之不能尽其材。（通"饲"，喂养）（《马说》）
② 食不饱，力不足。（吃）（《马说》）
③ 一箪食，一豆羹。（吃的东西，粮食）（《鱼我所欲也》）

23．道

① 会天大雨，道不能。（路）（《陈涉世家》）
② 先帝创业未半而中道崩殂。（途）（《出师表》）
③ 策之不以其道。（方法，措施）（《马说》）
④ 得道者多助，失道者寡助。（仁政，王道）（《〈孟子〉二章》）
⑤ 伐无道，诛暴秦。（道义）（《陈涉世家》）
⑥ 不足为外人道也。（说，讲）（《桃花源记》）

24．令

① 乃令符离人葛婴将兵徇蕲以东。（命令）（《陈涉世家》）
② 攻陈，陈守令皆不在。（官名）（《陈涉世家》）
③ 令辱之。（使，让）（《陈涉世家》）
④ 借第令毋斩，而戍死者固十六七。（让）（《陈涉世家》）

25．具

① 故人具鸡黍。（准备饭食或酒席）（《过故人庄》）
② 此印者才毕，则第二板已具。（准备）（《活板》）
③ 罔不因势象形，各具情态。（具备）（《核舟记》）
④ 此人一一为具言所闻。（详尽）（《桃花源记》）
⑤ 政通人和，百废具兴。（通"俱"，全，都）（《岳阳楼记》）

26．就

① 还来就菊花。（亲近，观赏）（《过故人庄》）
② 此人可就见，不可屈致也。（趋，赴）（《隆中对》）
③ 瞬息可就（完成）。（《活板》）

27．并

① 而两狼之并驱如故。（一起）（《狼》）

② 并杀两尉。(一共)(《陈涉世家》)
③ 黄发垂髫并怡然自乐。(全、都)(《桃花源记》)
④ 对联、题名并篆文,为字共三十有四。(和,以及)(《核舟记》)

28. 国
① 僵卧孤村不自哀,尚思为国戍轮台。(国家)(《十一月四日风雨大作》)
② 登斯楼也,则有去国怀乡。(国都)(《岳阳楼记》)

29. 名
① 名之者谁？太守自谓也。(命名,起名字)(《醉翁亭记》)
② 军书十二卷,卷卷有爷名。(名字)(《木兰诗》)
③ 故虽有名马,祇辱于奴隶人之手。(有名的,著名的)(《马说》)
④ 山不在高,有仙则名。(出名,有名声)(《陋室铭》)
⑤ 不能名其一处也。(说出,解释)(《口技》)

30. 亡
① 今亡亦死。(逃跑,逃亡)(《陈涉世家》)
② 出则无敌国外患者,国恒亡。(灭亡)(《〈孟子〉二章》)
③ 河曲智叟亡以应。(通"无",没有)(《愚公移山》)
④ 亡羊补牢。(丢失)

31. 为
① 吾从北方闻子为梯,将以攻宋。(制作,制成)(《公输》)
② 为坛而盟。(修筑,建造)(《陈涉世家》)
③ 唐人尚未盛为之。(使用)(《活板》)
④ 孰为汝多知乎？(以为,认为)(《〈论语〉十则》)
⑤ 宫中府中,俱为一体。(是)(《出师表》)

32. 备
① 前人之述备矣。(详尽)(《岳阳楼记》)
② 以备一板内有重复者。(准备,防备)(《活板》)
③ 急应河阳役,犹得备晨炊。(备办,做)(《石壕吏》)

33．乘

① 车六七百乘。(量词，读 shHng)(《陈涉世家》)
② 公与之乘。(坐，驾)(《曹刿论战》)

34．行

① 缘溪行，忘路之远近。(行走)(《桃花源记》)
② 日月之行，若出其中。(运行)(《观沧海》)
③ 必能使行阵和睦。(行列，指军队)(《出师表》)
④ 行拂乱其所为。(行动)(《〈孟子〉二章》)
⑤ 将军向宠，性行淑均。(品行，品德)(《出师表》)
⑥ 行收兵。(行军)(《陈涉世家》)
⑦ 陈胜、吴广皆次当行。(行列)(《陈涉世家》)

35．会

① 会宾客大宴。(适逢，正赶上)(《口技》)
② 号令召三老、豪杰与皆来会计事。(会合，聚合)(《陈涉世家》)
③ 迁客骚人，多会于此。(聚会)(《岳阳楼记》)
④ 长风破浪会有时。(必然，一定)(《行路难》)
⑤ 每有会意。(领会，理解)(《五柳先生传》)

36．奔

① 屠乃奔倚其下。(急走，跑)(《狼》)
② 虽乘奔御风，不以疾也。(指飞奔的马)(《三峡》)

37．易

① 天下事有难易乎。(容易)(《为学》)
② 愿以十五城易璧。(交换)(《公输》)
③ 寒暑易节，始一反焉。(改变)(《愚公移山》)

38．市

① 东市买骏马。(交易物品的场所，市场)(《木兰诗》)
② 愿为市鞍马，从此替爷征。(买)(《木兰诗》)

③ 百里奚举于市。(市井)(《〈孟子〉二章》)

39. 数

① 居数月,其马将胡骏马而归。(几个,读 shǔ)(《寓言四则》)
② 珠可历历数也。(计算,读 shǔ)(《核舟记》)

40. 类

① 佛印绝类弥勒。(像)(《核舟记》)
② 其上以松脂、蜡和纸灰之类冒之。(一类)(《活板》)

41. 鲜

① 陶后鲜有闻。(少,读 xiǎn)(《爱莲说》)
② 芳草鲜美。(鲜艳,读 xiān)(《桃花源记》)

42. 卒

① 故余虽愚,卒获有所闻。(终于)(《送东阳马生序》)
② 项燕为楚将,数有功,爱士卒。(士兵)(《陈涉世家》)
③ 生卒年不详。(死)

43. 环

① 环而攻之而不胜。(包围)(《〈孟子〉二章》)
② 环滁皆山也。(环绕)(《醉翁亭记》)

44. 景

① 四时之景不同。(景物)(《醉翁亭记》)
② 至若春和景明。(日光)(《岳阳楼记》)

45. 极

① 北通巫峡,南极潇湘。(尽)(《岳阳楼记》)
② 感极而悲者矣!(极点)(《岳阳楼记》)
③ ……渔歌互答,此乐何极。(穷尽)(《岳阳楼记》)

46. 意

① 与君离别意。(情意)(《送杜少府之任蜀州》)
② 望西都,意踌躇。(心绪)(《山坡羊·潼关怀古》)
③ 醉翁之意不在酒,在乎山水之间也。(情趣)(《醉翁亭记》)
④ 意将隧入以攻其后也。(打算)(《狼》)

47．胜

① 予观夫巴陵胜状。(美好的,好的)(《岳阳楼记》)
② 独守丞与战谯门中,弗胜。(胜利)(《陈涉世家》)
③ 我欲乘风归去,又恐琼楼玉宇,高处不胜寒。(禁)(《水调歌头·明月几时有》)

48．师

① 子曰:三人行,必有我师焉。(老师)(《〈论语〉十则》)
② 十年春,齐师伐我,公将战。(军队)(《曹刿论战》)

49．请

① 公将战。曹刿请见。(请求)(《曹刿论战》)
② 战则请从。(请允许)(《曹刿论战》)

50．信

① 愿陛下亲之信之。(信任)(《出师表》)
② 牺牲玉帛,弗敢加也,必以信。(信实)(《曹刿论战》)
③ 小信未孚,神弗福也。(信用)(《曹刿论战》)

51．复

① 更若役,复若赋。(恢复)(《捕蛇者说》)
② 遂与外人间隔,不复出焉。(再)(《桃花源记》)
③ 愿陛下托臣以讨贼兴复之效。(复兴)(《出师表》)

52．果

① 闻之,欣然归往,未果。(成为事实,实现)(《桃花源记》)
② 平心而度之,吾果无一失乎?(副词,果然、果真)(《弈喻》)

53．固

① 汝心之固，固不可彻。（固执、顽固）《愚公移山》
② 人固不能无失。（本来）《弈喻》
③ 固国不以山溪之险。（巩固）《〈孟子〉二章》

54．顾

① 顾野有麦场。（回头看、看）《狼》
② 三顾臣于草庐之中。（探望、拜访）《出师表》
③ 顾不如蜀鄙之僧哉？（副词，反而、却）《为学》

55．归

① 太守归而宾客从也。（归去、返回）《醉翁亭记》
② 世皆称孟尝君能得士，士以故归之。（归附、归属）《读孟尝君传》
③ 微斯人，吾谁与归。（在一起）《岳阳楼记》

56．号

① 阴风怒号，浊浪排空。（大声号叫、呼喊）《岳阳楼记》
② 号呼而转徙。（大声哭）《捕蛇者说》
③ 号为张楚。（称号）《陈涉世家》
④ 号令召三老。（命令，传令）《陈涉世家》

57．和

① 至若春和景明，波澜不惊。（和煦）《岳阳楼记》
② 政通人和，百废具兴。（和乐）《岳阳楼记》
③ 其上以松脂、蜡和纸灰之类冒之。（混和）《活板》

58．将

① 爷娘闻女来，出郭相扶将。（凑齐音节，无实意）《木兰诗》
② 君有疾在腠里，不治将恐深。（副词，将要）《扁鹊见蔡桓公》
③ 卿太重，将非鬼也？（或者）《宋定伯捉鬼》
④ 王侯将相宁有种乎？（带兵的人、将领）《陈涉世家》
⑤ 扶苏以数谏故，上使外将兵。（带兵）《陈涉世家》

59．绝

① 往来而不绝者，滁人游也。（断、断绝）（《醉翁亭记》）
② 佛印绝类弥勒。（极、非常）（《核舟记》）
③ 率妻子邑人来此绝境。（隔绝）（《桃花源记》）

60．居

① 北山愚公者，年且九十，面山而居。（居住）（《愚公移山》）
② 居庙堂之高，则忧其民。（处在某种地位或某个地方）（《岳阳楼记》）
③ 居十日。（用在表时间的词前面，表示经过的时间）（《扁鹊见蔡桓公》）

61．间

① 颓然乎其间者，太守醉也。（中间）（《醉翁亭记》）
② 肉食者谋之，又何间焉？（参与）（《曹刿论战》）
③ 中间力拉崩倒之声。（夹杂）（《口技》）
④ 又间令吴广之次所旁丛祠中。（暗中）（《陈涉世家》）
⑤ 遂与外人间隔。（间隔、间断）（《桃花源记》）
⑥ 立有间。（一会儿）（《扁鹊见蔡桓公》）

62．加

① 而山不加增，何苦而不平？（增加）（《愚公移山》）
② 牺牲玉帛，弗敢加也。（虚夸）（《曹刿论战》）

63．举

① 今亡亦死，举大计亦死。（发动）（《陈涉世家》）
② 是以众议举宠为督。（推举）（《出师表》）
③ 胶鬲举于鱼盐之中。（选拔）（《〈孟子〉二章》）

64．去

① 则有去国怀乡。（离开）（《岳阳楼记》）
② 去死肌，杀三虫。（除掉）（《捕蛇者说》）
③ 西蜀之去南海，不知几千里也。（距离）（《为学》）

65．属

① 司合之所属。（隶属、归属）（《扁鹊见蔡桓公》）

② 有良田美池桑竹之属。(类)(《桃花源记》)
③ 神情与苏黄不属。(相类似)(《核舟记》)
④ 召令徒属曰。(部下)(《陈涉世家》)

66. 是

① 世无孔子,谁能定是非之真?(正确,与"非"相对)(《弈喻》)
② 各是其所是,各非其所非。(认为正确)(《弈喻》)
③ 当是时,妇手拍儿声。(代词,这、这个)(《口技》)
④ 问之,鬼言,我是鬼。(判断动词)(《宋定伯捉鬼》)

67. 向

① 狼不敢前,眈眈相向。(朝向、对着)(《狼》)
② 向吾不为斯役。(从前、往昔)(《捕蛇者说》)

68. 许

① 由是感激,遂许先帝以驱驰。(答应)(《出师表》)
② 杂然相许。(赞许、赞同)(《愚公移山》)
③ 高可二黍许。(表约数)(《核舟记》)
④ 曳屋许许声。(拟声词,"许许"读 hS hS)(《口技》)

69. 应

① 河曲智叟亡以应。(回答)(《愚公移山》)
② 杀之以应陈涉。(接应、响应)(《陈涉世家》)
③ 凡所应有,无所不有。(应该)(《口技》)

第二节　古汉语虚词

一、之

1. 代词

"之"作第三人称代词,可以代人、代事、代物。代人多为第三人称,译作"他(她)(他们)""它(它们)"。例如:

① 公与之乘,战于长勺。(《曹刿论战》)

② 陈胜佐之，并杀两尉。（《陈涉世家》）
③ 肉食者谋之。（《曹刿论战》）
有时也作第一人称，译为"我"。例如：
太尉苟以为可教而辱教之，又幸矣。（《上枢密韩太尉书》）

2．助词

（1）结构助词，译为"的"，有的可不译。例如：
① 予尝求古仁人之心。（《岳阳楼记》）
② 小大之狱，虽不能察，必以情。（《曹刿论战》）
（2）结构助词，放在主谓之间，取消句子的独立性，不译。例如：
① 医之好治不病以为功。（《扁鹊见蔡桓公》）
② 于独爱莲之出淤泥而不染。（《爱莲说》）
③ 臣以王吏之攻宋也，为与此同类。（《公输》）
（3）音节助词。用来调整音节，无义，一般不翻译。例如：
① 公将鼓之。（《曹刿论战》）
② 久之，目似瞑，意暇甚。（《狼》）
③ 怅恨久之。（《陈涉世家》）
（4）结构助词，是宾语提前的标志。例如：
① 何陋之有？（《陋室铭》）
② 宋何罪之有？（《公输》）
③ 而城居者未之知也。（《满井游记》）
（5）结构助词，是定语后置的标志。例如：
① 居庙堂之高则忧其民，处江湖之远则忧其君。（《岳阳楼记》）
② 北顾黄河之奔流。（《上枢密韩太尉书》）
（6）作动词，可译为"到""往"。例如：
吾欲之南海，何如？（《为学》）

二、者

（1）结构助词，译作"……的""……的人""……的事物""……的情况""……的原因"等，相当于名词性短语。例如：
① 遂率子孙荷担者三夫，叩石垦壤。（《愚公移山》）
② 若有作奸犯科及为忠善者，宜付有司论其刑赏。（《出师表》）
③ 为之，则难者亦易矣，不为，则易者亦难矣。（《为学》）

④ 而安陵以五十里之地存者，徒以有先生也。（《唐雎不辱使命》）
(2) 语气助词，用在主语之后表示停顿，谓语部分一般用"也"字结尾，起判断作用。例如：
① 北山愚公者，年且九十。（《愚公移山》）
② 诸葛孔明者，卧龙也。（《隆中对》）

三、而

主要作连词用，可以表示以下关系：
(1) 并列关系，一般不译，有时可译为"又"。例如：
① 温故而知新，可以为师矣。（《〈论语〉十则》）
② 中峨冠而多髯者为东坡。（《核舟记》）
(2) 承接关系，可译作"就""接着"，或不译。例如：
① 扁鹊望桓侯而还走。（《扁鹊见蔡桓公》）
② 尉剑挺，广起，夺而杀尉。（《陈涉世家》）
③ 环而攻之而不胜。（前一个"而"就表示承接关系）（《得道多助，失道寡助》）
(3) 转折关系，译作"但是""可是""却"。例如：
① 而未始知西山之怪特。（《始得西山宴游记》）
② 予独爱莲之出淤泥而不染，濯清涟而不妖……可远观而不可亵玩焉。（《爱莲说》）
③ 欲信大义于天下，而智术浅短。（《隆中对》）
④ 环而攻之而不胜。（后一个"而"字表示转折关系）（《得道多助，失道寡助》）
(4) 递进关系，译作"而且""并且"或不译。例如：
① 饮少辄醉，而年又最高，故自号曰醉翁也。（《醉翁亭记》）
② 学而时习之，不亦说乎。（《〈论语〉十则》）
(5) 修饰关系，可译为"地""着"，或不译。例如：
① 河曲智叟笑而止之曰。（《愚公移山》）
② 施施而行，漫漫而游。（《始得西山宴游记》）

四、其

1. 代词

(1) 作第三人称代词，可译作"他（她）""他（她）的""他们""他们的""它""它们""它们的"。例如：
① 择其善者而从之，其不善者而改之。（《〈论语〉十则》）

② 人有百手,手有百指,不能指其一端。(《口技》)
③ 屠大窘,恐前后受其敌。(《狼》)
有时也译作第一人称代词"我"。例如:
偶然得之,非其所乐。(《上枢密韩太尉书》)
(2) 指示代词,可译为"那""那个""那些""那里"。例如:
① 其人视端容寂,若听茶声然。(《核舟记》)
② 复前行,欲穷其林。(《桃花源记》)
③ 以勉其学者也。(《墨池记》)
也可译作"其中的",后面多为数词。例如:
① 其一犬坐于前。(《狼》)
② 蜀之鄙有二僧,其一贫,其一富。(《为学》)

2．副词

放在句首或句中,表示疑问、猜度、反诘、愿望等语气,常和放在句末的语气词配合,可译为"大概""或许""恐怕""可要""怎么""难道"等,或省去。例如:
① 其如土石何?(《愚公移山》)
② 其真无马邪?其真不知马也!(《马说》。前一个"其"可译作"难道",后一个"其"可译为"恐怕"。)
③ 安陵君其许寡人!(其:可译为"可要")(《唐雎不辱使命》)

3．连词

其连词,表示假设,可译为"如果"。例如:
其业有不精,德有不成者,非天质之卑,则心不若余之专尔。(《送东阳马生序》)

五、以

1．介词

(1) 介绍动作行为产生的原因,可译为"因为""由于"。例如:
① 不以物喜,不以己悲。(《岳阳楼记》)
② 是以先帝简拔以遗陛下。(前一个"以"表原因,后一个"以"表目的)(《出师表》)
③ 扶苏以数谏故,上使外将兵。(《陈涉世家》)
(2) 介绍动作行为所凭借的条件,可译为"凭借""按照""依靠"等。例如:

① 策之不以其道，食之不能尽其材。(《马说》)
② 以残年余力，曾不能毁山之一毛。(《愚公移山》)
③ 域民不以封疆之界，固国不以山溪之险，威天下不以兵革之利。(《〈孟子〉二章》)
(3) 表示动作行为的方式，可译作"把""拿""用"等。例如：
① 屠惧，投以骨。(《狼》)
② 遂许先帝以驱驰。(《出师表》)
③ 以人之逸，待水之劳。(《峡江寺飞泉亭记》)

2. 连词

(1) 表示目的，相当于现代汉语里的"来"。例如：
① 意将隧入以攻其后也。(《狼》)
② 以光先帝遗德。(《出师表》)
③ 属予作文以记之。(《岳阳楼记》)
④ 故为之文以志。(《始得西山宴游记》)
(2) 表示结果，可译作"以至""因而"。例如：
① 不宜妄自菲薄，引喻失义，以塞忠谏之路也。(《出师表》)
② 以伤先帝之明。(《出师表》)
(3) 有时相当于连词"而"。例如：
① 黔无驴，有好事者船载以入。(《黔之驴》)
② 醉则更相枕以卧。(《始得西山宴游记》)

3. 动词

"以"还可作动词（属于实词）用，可译为"认为"。例如：
① 先帝不以臣卑鄙，猥自枉屈。(《出师表》)
② 魏武将见匈奴使，自以形陋。(《〈世说新语〉三则》)

六、焉

(1) 疑问代词，可译为"哪里"。例如：
且焉置土石。(《愚公移山》)
(2) 句末疑问语气助词，可译为"呢"。例如：
肉食者谋之，又何间焉(《曹刿论战》)
(3) 代词，相当于"之"。例如：
忽啼求之，父异焉(《伤仲永》)

（4）兼词，用于动词、形容词之后，即兼有介词和代词的作用，相当于"从这里""在那里"。例如：
① 不复出焉。(《桃花源记》)
② 寒暑易节，始一反焉。(《愚公移山》)
③ 夫大国，难测也，惧有伏焉。(《曹刿论战》)

七、虽

连词"虽"在文言文中主要有两种用法。
（1）表示假设，可译为"即使"。例如：
① 虽千里弗敢易也，岂止五百里哉。(《唐雎不辱使命》)
② 虽乘奔御风，不以疾也。(《三峡》)
（2）表示转折，可译为"虽然"。例如：
故余虽愚，卒获有所闻。(《送东阳马生序》)

八、然

（1）代词，起指示作用，译作"这样""如此"。例如：
① 父利其然也。(《伤仲永》)
② 谓为信然。(《隆中对》)
③ 然后知是山之特立。(《始得西山宴游记》)
（2）连词，表转折关系，译作"然而""但是"等。例如：
① 然足下卜之鬼乎。(《陈涉世家》)
② 然志犹未已。(《隆中对》)
（3）语气助词，分三种情况：
① 用在形容词之后，作为词尾，译作"……地"。例如：
杂然相许（《愚公移山》）
② 用于词尾，译作"……的样子"。例如：
临川之城东，有地隐然而高。(《墨池记》)
又如：望之蔚然而深秀者。(《醉翁亭记》)
③ 用于句尾，常与"如""若"连用，构成"如……然""若……然"格式，相当于"……的样子""好像……似的"。例如：
其人视端容寂，若听茶声然。(《核舟记》)

九、乃

1. 副词

(1) 表示动作在时间上的承接，译作"才"。例如：
① 断其喉，尽其肉，乃去。(《狼》)
② 太丘舍去，去后乃至。(《〈世说新语〉三则》)
(2) 表示动作在时间上的承接，译作"就"。例如：
乃诈称公子扶苏、项燕，从民欲也。(《陈涉世家》)
(3) 表示出人意料，译作"竟""竟然"。例如：
问今是何世，乃不知有汉，无论魏晋。(《桃花源记》)
(4) 用于判断动中，相当于"是""就是"。例如：
当立者乃公子扶苏。(《陈涉世家》)

2．连词

"乃"作连词，表示前后的衔接或转折，可译为"于是"。例如：
① 乃入吴寻二陆。(《周处》)
② 乃重修岳阳楼。(《岳阳楼记》)

3．代词

"乃"作代词，译为"你、你的"。例如：
王师北定中原日，家祭无忘告乃翁。(《示儿》)

十、于

介词"于"的主要用法有：
(1) 表示动作发生的处所、时间，译作"在""从"。例如：
① 公与之乘，战于长勺。(《曹刿论战》)
② 子墨子闻之，起于鲁。(《公输》)
(2) 表示动作的对象，译作"向""对""同""给""到"等。例如：
① 操蛇之神闻之，惧其不已也，告之于帝。(《愚公移山》)
② 贫者语于富者曰。(《为学》)
③ 每与臣论此事，未尝不叹息痛恨于桓、灵也。(《出师表》)
④ 故天将降大任于斯人也。(《〈孟子〉二章》)
⑤ 况仁人庄士之遗风余思，被于来世者何如哉。(《墨池记》)

第三节 文言文句式

文言文的句式，跟白话文的句式，有的相同，有的很不相同。即使是相同的句式，文言文句式也有它自己的特点。
　　文言句式包括判断句、被动句、疑问句、否定句、词序（倒装句）、成分省略（省略句）和固定结构（习惯句式）。除了疑问句、否定句之外，其他句式叫特殊句式（指与现代汉语不同的句式）。

一、判断句

　　判断句是对人或事物表示断定，断定人或事物是什么、属于什么的句式。
　　（1）师者，所以传道授业解惑也。（……者，……也）
　　（2）此帝王之资也。（……也）
　　（3）柳敬亭者，扬之泰州人。（……者，……）
　　（4）刘备，天下枭雄。（……，……）
　　（这四种是由"者、也"表判断的类型）
　　（5）沛公之参乘樊哙者也。（……者也）
　　（6）当立者乃公子扶苏。（乃）
　　（7）马超、韩遂尚在关西，为操后患。（为）
　　（8）此则岳阳楼之大观也。（则）
　　（9）即今之傫然在墓者也。（即）
　　（10）臣是凡人。（是）（是在先秦以前只做代词用，不表判断）

二、被动句

　　文言文中，有些语句的主语是动作的承受者，这种句式就是被动句。其常见类型有以下几种。
　　（1）而君幸于赵王。（……于……）
　　（2）秦城恐不可得，徒见欺。（……见……）
　　（3）臣诚恐见欺于王而负赵。（……见……于……）
　　（4）受制于人。（……受……于……）
　　（5）为天下笑，何也？（为）
　　（6）嬴兵为人马所蹈藉。（为……所……）（典型的被动句）
　　（7）若属皆为所虏。（……为所……）
　　（8）信而见疑，忠而被谤。（被）
　　（9）洎牧以谗诛。（无标志，靠动词本身在意念上的一种表现）

三、疑问句

借疑问词或否定词而能发出疑问的句子叫疑问句。疑问词包括疑问代词（谁、孰、何、曷、胡、安、焉）和疑问语气词（乎、诸、与或欤、邪或耶）等。二者有时全用，有时不全用。

（1）秦王以十五城请易寡人之璧，可予不？《廉颇蔺相如列传》（借否定词"不"）
（2）且行千里，其谁不知？（《崤之战》）（借疑问词"谁"）

四、否定句

文言的否定句，必须用否定词（不、毋、弗、勿、未、否、非、无、莫等）。

五、词序

（1）宾语前置（动宾倒装句）。在一般情况下，动词在前，宾语在后，这是汉语的语法规律。可是，有时候动词和宾语也可以倒装，让宾语处在到动词前面。在文言文当中，动宾倒装句是很有规律的，大约有四种情况。

① 否定句中，代词作宾语。
例1：莫我肯顾。
例2：古之人不余欺也。

② 疑问句中，疑问代词作宾语
有两种类型：动宾结构、介宾结构。包括：代词＋介词；宾语＋介词；方位名词＋介词；是以结构（固定结构）。
例1：豫州今欲何至？（动宾）
例2：沛公安在？（动宾）
例3：国胡以相恤？（介宾：代＋介）
例4：子何侍而往？（介宾：代＋介）
例5：楚战士无不一以当十。（介宾：宾＋介）
例6：一言以蔽之。（介宾：宾＋介）
例7：项王、项伯东向坐，亚父南向坐。（介宾：方位名词＋介词）
例8：余是以记之，盖叹郦元之简，而笑李渤之陋也。（固定结构）

③ 用"之""是"作提宾的标志。
例1：何功之有哉？
例2：唯马首是瞻。

（2）定语后置（定中倒装句）（定语是用来修饰中心词的）。在一般情况下，定语应该放在中心词前面，如"彼童子之师"，"师"是中心词，定语"彼童子"处在中心词前面。但是，定语也可以处在中心词后面，形成中心词在前，定语在后的句式，这就是定中倒装句。

① 中心词＋之＋后置定语。

例1：居庙堂之高则忧其民，处江湖之远则忧其君。

例2：蚓无爪牙之利，筋骨之强。

② 中心词＋之＋后置定语＋者。

例1：赋税之繁重者。

例2：马之千里者，一食或尽粟一石。

③ 中心词＋后置定语＋者。

例1：求人可使报秦者，未得。

例2：约与食客门下有勇力文武备具者二十人偕。

④ 中心词＋数量词。

例1：尝贻余核舟一。

例2：沛公兵十万军霸上。

（3）介宾短语后置（状语后置）。介词短语后置句的特点是，应该在动词前面的介词短语，却放在了动词后面。"试以猪鬣撩拨虫须，仍不动。（《促织》）"介词短语"以猪鬣"放在动词"撩拨"的前面，这是正常的次序。如果介词短语放在动词的前面，说成"试撩拨虫须以猪鬣"，就成了介词短语倒装句。

例1：先帝知臣谨慎，故临崩寄臣以大事也。（《出师表》）

例2：域民不以封疆之界，固国不以山溪之险。（《得道多助》）

（4）谓语前置（主谓倒装）。这种句式常见于古汉语的感叹句和疑问句中。

例1：甚矣，汝之不惠！

例2：悲哉，世也！（这个社会多可悲啊！）

六、省略句

文言是最精练的语言，最讲究省略，省略句非常多，主要有主语的省略、谓语的省略、宾语的省略、介词的省略。

1. 省略主语

例如：

① 永州之野产异蛇。（　）黑质而白章，（　）触草木。（　）尽死。（承前省）

② （　）度我至军中，公乃入。（蒙后省）

③ 山有小口，仿佛若有光。（　）便舍船，从口入。（　）初极狭，才通人。（不规则省略）

2．省略谓语

例如：

① 一鼓作气，再（　）而衰，三（　）而竭。（承前省）
② 因跪请秦王（　）。秦王不肯击缶。（蒙后省）

3．省略宾语

例如：

① 可烧（　）而走（　）也。（动宾，省略动词后的宾语）
② 竖子，不足与（　）谋！（介宾，省略介词后的宾语）
③ 不如因而厚遇之，使（　）归赵。（省略兼语）

4．省略介词

例如：
故久立公子（　）车骑中。又试之（　）鸡，果如成言。

七、固定结构

1．不亦……乎

表示反问，"亦"没有实在意义，加强语气，翻译为"不是……吗"。

2．是以……

"以是"的倒装句，翻译为"因此……"。

3．奈……何，如……何，若……何

表示疑问（询问办法），翻译为"对……怎么办"或"把……怎么样"。

4．得无……乎（耶）

表示推测性的疑问语气，翻译为"该不会""莫非""恐怕"。

5．无乃……乎

表示委婉商榷语气，翻译为"恐怕……吧"。

6．得无……乎

表示某种情况的推测，翻译为"莫非……吧"。

7．其……其……

表示选择关系，翻译为"是……还是……"。

8．……孰与……

表示比较选择，翻译为"与……相比"。

9．何……为？

表示询问或反问，翻译为"为什么……呢""怎么……呢"。

10．然则

表示连贯关系，翻译为"既然这样，那么"。

11．"何其""一何"

表示感叹，翻译为"何其"（多么）、"一何"（这么）。